HUMANESSÊNCIA

ROBERT JOHN
VAN DIJK

HUMANESSÊNCIA
NOVOS TEMPOS, NOVOS OLHARES, NOVOS CAMINHOS

© Robert John van Dijk, 2025
Todos os direitos desta edição reservados à Editora Labrador.

Coordenação editorial PAMELA J. OLIVEIRA
Assistência editorial VANESSA NAGAYOSHI, LETICIA OLIVEIRA
Direção de arte e capa AMANDA CHAGAS
Projeto gráfico e diagramação VINICIUS TORQUATO
Preparação de texto MONIQUE PEDRA
Revisão MARÍLIA COURBASSIER PARIS
Consultoria editorial DARLENE MENCONI

Dados Internacionais de Catalogação na Publicação (CIP)
Jéssica de Oliveira Molinari - CRB-8/9852

VAN DIJK, ROBERT JOHN
   Humanessência : novos tempos, novos olhares, novos caminhos / Robert John van Dijk.
   São Paulo : Labrador, 2025.
   160 p.

   ISBN 978-65-5625-843-0

   1. Mudança social 2. Filosofia social 3. Desenvolvimento humano 4. Autoconhecimento 5. Futuro I. Título

25-1074   CDD 301.24

Índice para catálogo sistemático:
1. Mudança social

Labrador

Diretor-geral DANIEL PINSKY
Rua Dr. José Elias, 520, sala 1
Alto da Lapa | 05083-030 | São Paulo | SP
contato@editoralabrador.com.br | (11) 3641-7446
editoralabrador.com.br

A reprodução de qualquer parte desta obra é ilegal e configura uma apropriação indevida dos direitos intelectuais e patrimoniais do autor. A editora não é responsável pelo conteúdo deste livro. O autor conhece os fatos narrados, pelos quais é responsável, assim como se responsabiliza pelos juízos emitidos.

À minha amada esposa, Noura, e aos meus queridos filhos, Andre, Rick e Fabio, por serem minha maior fonte de inspiração.

Ao meu querido pai, Co, e, em memória, à minha mãe, Marry Eileen, e à minha irmã, Sandra, por tudo que me ensinaram sobre a vida e o viver.

Toda minha gratidão!

AGRADECIMENTOS

A produção deste livro foi um processo prazeroso e enriquecedor, impulsionado pela generosidade e contribuição de muitos amigos. Ele nasceu do estímulo e das instigantes provocações que recebi ao longo do caminho, e sou profundamente grato por cada uma delas.

Meu primeiro e especial agradecimento vai para Darlene Menconi, jornalista e amiga, cuja paciência, competência e dedicação foram fundamentais na curadoria e edição deste trabalho ao longo de tantos anos. Obrigado, Darlene, por sua incansável parceria.

Sou igualmente grato a pessoas muito especiais, que, com suas valiosas observações e sugestões, contribuíram significativamente para o aprimoramento do conteúdo e da forma desta obra. Meu reconhecimento ao Professor Jézio Gutierre, cuja generosidade e olhar crítico trouxeram reflexões essenciais para este livro, além da honra de tê-lo como autor do prefácio.

À Professora Rosa Alegria, que de pronto aceitou escrever o prólogo que muito me sensibilizou e emocionou.

Aos queridos Adriana Fellipelli e Thomas Eckschmidt, que aceitaram meu convite e, com sua expertise, enriqueceram este trabalho com contribuições inestimáveis.

Ao Walter Piacsek, cuja sagacidade e perspicácia trouxeram *insights* preciosos.

Ao Professor George Legmann, que sempre me incentivou e estimulou a seguir adiante neste desafiador projeto.

Agradeço também a Alfredo Nugent Setubal, cujo incentivo constante me motivou a colocar minhas ideias no papel, além das valiosas sugestões que compartilhou.

À Célia Parnes, por sua generosa avaliação e pontuação deste trabalho.

Meu carinho e gratidão ao querido amigo e irmão de vida, Ricardo Diniz, por suas palavras tão amáveis e gentis ao apresentar e descrever este livro.

A tantos outros amigos que, mesmo não mencionados aqui, foram decisivos ao me impulsionar e fortalecer minha determinação nesta difícil arte de traduzir pensamentos em palavras, o meu mais sincero obrigado.

Por fim, e com todo o meu amor, agradeço à minha querida família, pelo carinho, apoio e suporte incondicionais. Sem vocês, nada disso teria sido possível.

SUMÁRIO

Prefácio _____ 11
Prólogo _____ 15
Apresentação _____ 23
Reflexões _____ 27
Novo olhar _____ 41
O velho novo caminho _____ 53
Consciência _____ 81
O despertar _____ 113
Novos tempos _____ 137
Anexos _____ 147
Referências _____ 155
Bibliografia _____ 159

PREFÁCIO

Jézio Hernani Bomfim Gutierre

Para qualquer avanço cognitivo, uma das primeiras tarefas é a identificação de problemas. A partir disso, podemos buscar respostas que potencialmente nos forneçam imagens mais acuradas do mundo e, assim, aperfeiçoem nosso conhecimento, seja ele empírico ou filosófico. Mas a nobre incumbência de identificar problemas é menos trivial do que aparenta ser e frequentemente demanda atenção e sensibilidade. É justamente isso que caracteriza a caminhada de Robert van Dijk neste livro instigante.

O problema que diagnostica é premente e universal, mas frequentemente passa desapercebido até por aqueles mais afetados por ele. De fato, muitos têm sentido na própria pele as consequências de mazelas profundas, muitas vezes ignoradas, enfrentadas pelo mundo contemporâneo. Conflitos proliferam em toda parte aliados a ceticismo generalizado e à evidente fragmentação de princípios: a autopercepção orgânica da Humanidade dá lugar a um individualismo selvagem. As raízes desse quadro lastimável, e extremamente perigoso, são devidamente consideradas pelo autor – atento e sensível –, que se propõe, fazendo uso de sua vasta experiência profissional, a buscar soluções que permitam conciliar o progresso material com a preservação da felicidade e comunhão humanas.

Não teremos aqui apologias a ideologias historicistas, mas um chamado à razão individual, com reflexos inestimáveis sobre a órbita social. Reiteradamente, o autor lembra que o tropismo pelo "ser" e "ter" deve ser substituído pelo "servir", passo que tem, entre seus corolários, um capitalismo que não abdica de sua dimensão social e um progresso econômico que não pode ser aferido pelo mero crescimento de PIBs.

O resultado desse ensaio, assumidamente não sistemático, é um painel vivo, dinâmico, com propostas que pretendem aperfeiçoar o mundo em que vivemos. Nesta época conturbada, sair a campo em defesa do ser humano, preocupar-se com seu futuro e bem-estar físico e moral, é manifestação rara de coragem ética e generosidade.

Jézio Hernani Bomfim Gutierre *é professor de Filosofia da Ciência na Universidade Estadual Paulista (Unesp) e presidente da Fundação Editora da Unesp e da Associação Brasileira das Editoras Universitárias (Abeu) no biênio 2023-2025.*

"Neste mundo que nos açoita de incertezas, necessitamos regressar às nossas humanessências. Já tive medo de não reencontrá-las em mim."

MIA COUTO

PRÓLOGO

Rosa Alegria

A qualidade do nosso futuro depende muito da qualidade de nossas visões. Percorrendo o pensamento de Robert van Dijk reunido neste livro, e cristalizado em visões evolutivas, podemos imaginar um mundo melhor para toda a humanidade.

Por ser uma referência do setor financeiro, normalmente pautado pelo materialismo crônico, Robert destoa do entorno e nos acalenta com humanismo.

O escritor moçambicano Mia Couto já disse uma vez que nesse mundo tão incerto, necessitamos regressar às nossas "humanessências". Desorientados pela sucessão de crises, corremos o risco de perdê-las. Robert nos faz regressar a elas em cada página.

Para resgatar nossas humanessências, precisamos saber o que nos faz humanos. Entre os diversos dons essencialmente humanos, como a linguagem falada, a escrita, o culto às artes, a percepção da beleza, o raciocínio, o potencial cognitivo, a criatividade, a moralidade, destaco duas forças que irão garantir nossa sobrevivência como espécie: a capacidade de imaginar futuros possíveis e explorar o nosso mundo interior.

Uma vez imaginados, futuros podem ser criados coletivamente numa mesma direção. Há aqueles indivíduos que se apegam ao mundo externo e pensam até em se mudar para Marte, sem nunca terem tido contato com seu ambiente interno. Pela exploração do mundo interior é possível alcançar níveis elevados de consciência, e nesse ambiente podemos buscar novas direções para viver no planeta Terra.

Criar futuros com consciência elevada é o que nos fará não somente sobreviver, mas transcender à maior crise já vivida pela humanidade. Este é o momento.

E o que significa ser humano no século XXI? À medida que o ritmo da mudança aumenta, esse significado também muda: as estruturas físicas se fundem com as cognitivas. Somos seres híbridos integrados pela eletrônica, a mecânica e a biologia. Bits, células, neurônios e átomos fazem parte das mais avançadas tecnologias da revolução 4.0. Temos à disposição ferramentas que nos habilitam a criar soluções para diversos problemas, que nos assemelham aos gênios dotados de talentos fenomenais da época da Renascença. A tecnologia nos aumenta, mas não deve nos tornar ferramentas das próprias ferramentas, como previa Marshall McLuhan (1911-1980). Inovações ainda virão e são muitas, mas as mais importantes serão aquelas que farão expandir nossa humanidade.

Já podemos viver além dos cem anos e, no entanto, estamos diante de um paradoxo existencial que nos ameaça ao longo do agravamento das mudanças climáticas. São várias as armadilhas evolutivas e temos que estar cientes delas. Estamos cada vez mais num mundo *"smart"*, mas não temos garantia de que iremos sobreviver como espécie. Disponibilizamos tantas tecnologias e, em vez de expandirmos nossos dons humanos, tentamos nos tornar as próprias máquinas, e passamos a nos render a elas, sem controle e sem limites.

A leitura desta publicação nos desafia a repensar nossa experiência humana e nos coloca diante de oportunidades que só se apresentam em momentos históricos como o que estamos vivendo. A própria noção de normalidade foi alterada pela mudança na tentativa de entender o que aconteceu e está acontecendo. São tempos pós-normais, como o futurista Ziauddin Sardar define: um período intermediário em que velhas ortodoxias estão morrendo, novas ainda precisam nascer e muito poucas parecem fazer sentido. Estamos entre o que já não é e o que ainda não é: uma espécie de interlúdio existencial.

A mudança mudou. Ela se faz sentir de forma mais avassaladora do que nunca no que se refere à escala, profundidade, simultaneidade e alcance. Em dois anos de pandemia tivemos mais mudanças do que nos últimos trinta anos. Ainda estamos perplexos diante dessa inflexão do tempo. Desde o isolamento, o distanciamento, o negacionismo, as desinformações e o completo vazio diante de qualquer tipo de compreensão sobre o mundo.

Navegando no mar das incertezas, ainda existe um vestígio de certeza: a de que, desta vez, temos que acertar nas escolhas porque essa deverá ser a última chance que temos de seguir caminhando. Não temos plano B e é preciso ser diferente.

No século XVIII tivemos a noção de progresso com o pensamento científico-iluminista. No século XIX, Charles Darwin e outros pensadores trouxeram a noção de evolução. No século XX, a partir do pós-guerra, passamos a entoar o mantra do crescimento, que levou à exaustão ecológica e à exclusão social.

Onde estamos agora? O século XXI é o da disrupção: do mais alto grau de imprevisibilidade e descontinuidade que a humanidade já viveu. No limiar de um novo modelo de desenvolvimento cuja lógica terá mais produção de bits (economia intangível) do que átomos (bens materiais). Para haver qualquer chance de entrada bem-sucedida nos novos modelos que estão por vir, será preciso romper com velhas estruturas e gerar transformações escaláveis.

Alvin Toffler, em sua obra-prima *O choque do futuro*, nos anos 1970, vislumbrou uma sociedade pós-industrial na qual o ritmo de mudanças se aceleraria a ponto de se tornar ameaçador. De fato, o termo "choque do futuro" descreve o estresse devastador e a desorientação induzida em indivíduos submetidos a um excesso de mudanças em pouco tempo. Desde então, passados cinquenta anos, continuamos sob esse mesmo choque, sentindo que nossa biologia não sustenta tantas tecnologias. Doenças pós-modernas como "infoestresse", assim como distúrbios psíquicos se alastram.

Nessa terceira década do século XXI, é preciso reinventar nosso viver e fortalecer nossa "humanessência" ao reaprender a sonhar e ampliar habilidades potentes e ainda não bem exploradas, como a imaginação. Só iremos criar novos caminhos a partir do mistério, do desconhecido, do que ainda não foi explorado. Nas escolas, nas empresas, nas comunidades, ampliar a imaginação nos fará encontrar caminhos novos para seguirmos nossa jornada e podermos nos regenerar na relação com o mundo.

O que antes tentávamos sustentar não foi sustentável. O movimento da sustentabilidade do final do século XX se esvaziou. Quisemos adotar novo modelo de produção e consumo que não conseguimos alcançar. O que estávamos querendo sustentar? Essa pergunta ficou sem resposta e a insustentabilidade dos sistemas e dos hábitos ficou mais evidente após a pandemia de coronavírus, em 2020.

Diante dessas evidências, precisamos pensar além das demandas da sustentabilidade (preservar e mitigar danos socioambientais); pensar no longo prazo requer adotar um compromisso com a regeneração dos ecossistemas e transcender nossos passos na direção de novas condições de vida, novos modelos de negócio e da constante renovação de tudo o que nos sustenta.

Como podemos nos adaptar e criar modelos que podem evoluir e responder de forma mais eficaz aos desafios complexos que enfrentamos agora e no futuro? A resposta está na regeneração dos sistemas que hoje se apresentam frágeis, incluindo o próprio sistema econômico.

Todos têm direito ao futuro, incluindo, principalmente, as crianças que já nasceram e as que ainda estão por nascer. Diante do aumento da longevidade, elas poderão viver para além do ano 2100. O que estamos fazendo por este mundo que iremos deixar às futuras gerações?

Nossos ancestrais superaram muitos problemas, por isso estamos aqui. E como nós, ancestrais dessas crianças, iremos superar os problemas que hoje se apresentam? Como podemos nutri-las de esperança? Diante de um rigoroso exame de qualidade de nossa ancestralidade é que poderemos nos defrontar com nossas responsabilidades. Desocupar territórios que foram ocupados e devastados, não somente no plano ecológico, mas também no plano mental.

Os sinais mostram que é preciso regenerar nossa relação com a vida, revisitar nossa capacidade de sonhar, imaginar e criar o que deverá realmente ser novo. Só assim iremos descobrir como resolver conflitos pacificamente, fazendo com que guerras fiquem nos livros de história; compartilhar poder e gerar soluções locais;

derrubar muros entre diferenças; regenerar ecossistemas, rever necessidades materiais; transformar processos de produção e acesso a bens; reconciliar estilos de vida com os recursos naturais; reaprender a sermos essencialmente humanos, dessa vez facilitados pelas tecnologias que poderão nos libertar.

Leituras como esta que tenho a honra de introduzir poderão ser o começo de um despertar para a noção do que é preciso para saber viver.

Rosa Alegria *está entre as futuristas mais reconhecidas da América Latina. É mestre em Estudos do Futuro pela Universidade de Houston e especialista em Sustentabilidade pelo Schumacher College, em Global Management pelo Morehouse College e em Criatividade pelo Center for Creative Leadership.*

"Advirto-te seja quem fores, a tu que desejas sondar os Arcanos da Natureza, se não olhas dentro de ti aquilo que buscas, tampouco o poderás encontrar fora.

Se tu ignoras as excelências de tua própria casa, como pretendes encontrar outras excelências?

Em ti está oculto o Tesouro dos Tesouros. Ó homem, **Conhece-te a Ti Mesmo**, e conhecerás o Universo e os Deuses."

INSCRIÇÃO NA ENTRADA DO ORÁCULO DE DELFOS,
NO TEMPLO GREGO DEDICADO A APOLO.*

---

*　　Hoyos Guevara, Arnoldo José de e Dib, Vitória Catarina. *Da sociedade do conhecimento à sociedade da consciência:* princípios, práticas e paradoxos. São Paulo: Saraiva. 2007.

APRESENTAÇÃO

Vivemos um momento paradoxal, polarizado, marcado já há tempos pelo desequilíbrio crescente das relações humanas, pelo aumento da intolerância e a falsa atribuição de felicidade àquilo que se possui e não ao que se é.

O que compartilho nas próximas páginas guarda relação com o que aprendi e depreendi ao longo de minha trajetória de vida, pessoal e profissional, e com a constatação e a convicção de que os modelos sociais, econômicos e políticos atuais estão esgarçados. Não se trata de um relato, mas da formulação de um convite a uma reflexão e ao despertar de uma nova consciência, com a apresentação de um caminho para os novos tempos que se apresentam.

Ainda sob essa perspectiva, como se poderá constatar, tudo se inicia pelo autoconhecimento e pela transformação pessoal. As questões macro ganham forma, são modificadas e equacionadas a partir da perspectiva micro. Ou seja, quando reconhecemos e nos conscientizamos de quem somos, nós nos transformamos, possibilitando liberar nosso potencial de luz e despertar para uma nova consciência.

No percurso reflexivo que aqui compartilho, cheguei à conclusão de que vivemos em uma encruzilhada que requer um novo olhar. Essa constatação me leva a propor a escolha consciente pelo servir como resposta e caminho para esses novos tempos, em que a base ética e moral de nossas ações encontra-se na opção pelo bem de todos. É por meio da diversidade e de nossas diferenças que podemos (e haveremos de) alavancar o potencial de cada um.

Essa escolha implica, necessariamente, ampliarmos nossa visão para um conceito holístico, e incorporar valores espirituais e humanistas no trato das questões econômicas, sociais e políticas. A visão holística de que falo visa integrar o ser humano à sua essência. Não tenho dúvida de que o necessário resgate do ser humano passa pela construção de um caminho de realizações pelo servir. Significa buscar ser autenticamente feliz, viver em paz de espírito, dar significado à experiência de vida, estabelecer propósitos, ir em busca dos sonhos e da autoexpressão. É viver como um ser integrado com tudo e com todos, é reintegrar-se à humanessência a partir do amor.

Boa reflexão!

Robert van Dijk

As referências para vídeos, filmes, livros e palestras que faço ao longo das próximas páginas foram reunidas em um único endereço, que pode ser acessado pelo QR Code.

REFLEXÕES

Começo pelo que me motivou a colocar no papel um pouco da minha trajetória de vida, alguns aprendizados e conclusões sobre o momento no qual vivemos como sociedade. Desde que passei a compartilhar percepções e visões sobre esse contexto, me dei conta de que meu ponto de vista tocava algumas pessoas e era provocador para outras.

Trabalho no mercado financeiro e de capitais há mais de 45 anos. No início da carreira, precisei me esforçar para entender esse mundo dominado, em grande parte, pela busca do lucro pelo lucro, quase sempre a qualquer custo. Esse aparente paradoxo me levou a refletir sobre o valor intrínseco do dinheiro e a reconhecer que ele é tão sagrado quanto são sagradas tantas outras coisas em nosso universo.

A função primordial do dinheiro é ser um facilitador de trocas. Reconheço, porém, que uma imensa parte da população do planeta luta diariamente pela sobrevivência e por prover o mínimo de bem-estar para si e seus familiares. Nesses casos, o dinheiro ganha característica de um fim em si. É compreensível. Em outras palavras, almejar saciar a fome, cuidar da saúde e da segurança torna-se o objetivo maior.

Para representar esse conjunto de necessidades humanas, o psicólogo americano Abraham Maslow (1908-1970) organizou um modelo hierárquico em formato de pirâmide, distribuído em cinco níveis. Na pirâmide das necessidades humanas, ou Pirâmide de Maslow, o indivíduo pode alcançar autorrealização e desenvolver todo seu potencial, mas antes precisa satisfazer as necessidades básicas, situadas na base da pirâmide. Nesse patamar, como já mencionei, a grande maioria da população está e provavelmente permanecerá ao longo de toda sua experiência de vida.

A HIERARQUIA DAS NECESSIDADES HUMANAS

Aqueles que já superaram os desafios da sobrevivência buscam preencher outras necessidades, como as sociais, de afeto e pertencimento, visando vincular-se a grupos e comunidades.

No degrau de cima surgem as necessidades de estima, que se referem a conquistas, reconhecimento e respeito pelos outros. No topo da pirâmide ficam posicionadas as necessidades de autorrealização e desenvolvimento pessoal, relacionadas à criatividade, à dimensão social e espiritual, e que dizem respeito a valores elevados ou a ações altruístas.

Na proposta de uma pirâmide de necessidades a serem atendidas na direção da autorrealização, escalar os degraus, a princípio, parece associar-se a conquistas materiais e econômicas, o que, a meu ver, cria uma falsa percepção de correlação com felicidade.

Nesse modelo, a maior parte das pessoas jamais alcançará as etapas elevadas da hierarquia. Em minha visão, talvez tenha chegado o momento de darmos a essa pirâmide uma visão circular. Ficarmos presos ao modelo hierarquizado de conquistas pode nos levar a um processo no qual a capacidade de realização pessoal fica restrita a muito poucos, tornando o último degrau da pirâmide praticamente inalcançável.

Aqui cabe lembrar que as grandes e verdadeiras conquistas da vida não se compram, nem se vendem. A ideia de que tudo tem um preço faz com que muitos vivam atormentados, correndo atrás do ganho financeiro, imaginando que, ao acumular patrimônio, vão conquistar e comprar a felicidade.

Não podemos ignorar a angústia gerada pela perspectiva da escassez, em especial da incapacidade de prover as necessidades básicas (fisiológicas e de segurança). À medida que despertarmos para uma nova consciência e evoluirmos para uma vida orientada pelo servir, visando à prosperidade coletiva, no entanto, essas necessidades tendem a ser plena e permanentemente atendidas. A princípio, esse cenário pode soar como ilusório, utópico e irreal. Ao concluir a leitura das próximas páginas, acredito que verá ser possível.

Das necessidades para a consciência

Valho-me do processo criado pelo escritor britânico Richard Barrett, que no final da década de 1990 fez algumas alterações na teoria de Maslow para desenvolver um modelo capaz de mapear a evolução da consciência nos indivíduos e em organizações, comunidades e nações. O modelo abrange tanto as dimensões internas da consciência, como a jornada interior para o autoconhecimento e a busca de significado, quanto as dimensões externas da consciência, como a expansão do senso de identidade, a autorrealização, e a contribuição ao bem comum.

Para o autor, a motivação mais forte do ser humano ocorre quando somos capazes de satisfazer nossas necessidades físicas, emocionais, mentais e espirituais e somos capazes de encontrar realização pessoal. Barrett propõe que o desenvolvimento da consciência é uma jornada contínua, que se expande de preocupações pessoais para um propósito coletivo, levando à transformação pessoal e organizacional.

Os níveis inferiores correspondem ao interesse próprio, o elo central representa a transformação e os níveis superiores correspondem à busca pelo bem comum. O processo de evolução entre esses níveis é visto como um caminho de autotransformação e amadurecimento. À medida que se avança nos níveis de consciência, o entendimento sobre si mesmo e o mundo ao redor se expande, proporcionando uma vida mais significativa e plena.

De acordo com Barrett, empresas crescem e se desenvolvem da mesma maneira que indivíduos, indo do estágio físico, representado pelas necessidades relacionadas à sobrevivência, passando pelo emocional e o mental, até chegar ao nível de consciência mais elevado, onde estão a dimensão humana, os valores humanistas e a espiritualidade, que nos conduzem ao nosso legado e ao sentimento de servir.

Na prática, incorporar a espiritualidade é uma forma de viver como um ser integrado com tudo e com todos, a partir do amor. Nas páginas a seguir, apresentarei um conjunto de ideias que eventualmente pode ajudar a despertar para novas possibilidades frente ao contexto de vida atual.

OS 7 NÍVEIS DE CONSCIÊNCIA DE RICHARD BARRETT

Estou convencido de que é possível atingir o grau de autorrealização ainda que haja a impressão, para quem "vê de fora", de que nem todos os níveis da escalada das necessidades humanas foram preenchidos. A partir do momento em que passo a me conhecer, e a entender meus propósitos, estabeleço um sentido mais profundo para minha experiência de vida, consigo suprimir eventuais limites, rompendo com a noção hierárquica de realização pessoal.

Imaginemos o mundo exponencial e maravilhoso que poderemos ter a partir de um olhar circular, no qual os conceitos de realização e prosperidade se apliquem ao todo e a tudo. Um mundo no qual cada um se reconheça, valorize a si e ao outro. Para tanto, faz-se necessário quebrar o atual paradigma, o modelo socioeconômico e político vigente, de modo a voltarmo-nos para o mundo do *self* (o "si-mesmo"), no qual vale o mantra "***be, do and have***" [**ser, fazer e ter**], cuja base estará centrada no melhor exercício do **servir**, como veremos adiante.

O mundo do *self* é exatamente esse da circularidade, em que a autoestima surge como consequência de cada indivíduo conhecer a si próprio. Nesse sentido, a autoestima apresenta-se como um ponto de partida e não de chegada.

UM MODELO CIRCULAR

A circularidade pressupõe a integração e a ausência de fronteiras ou escalas. Nesse modelo, uma série de conceitos e aspectos precisarão ser (re)contextualizados, (re)avaliados e praticados no âmbito dos valores humanos e espirituais, necessariamente. Não me refiro aqui às verdades apresentadas pelas diferentes religiões, mas sim aos princípios comuns a todas elas, que em grande medida estão ausentes em nosso cotidiano.

Métricas e idolatria dos números

Acontece, porém, que no atual modelo econômico, político e social, a busca pelo lucro como um fim em si mesmo alimenta um processo de competição muitas vezes destrutivo, no qual só o resultado importa. Acho necessário tratar desse tema por conta da centralidade e relevância do trabalho em nossas vidas. Dedicamos mais da metade de nosso tempo ao exercício de uma atividade profissional e, nela, pouco ou quase nenhum espaço há para palavras como amor e felicidade.

Frequentemente esquecemos, ou não nos damos conta, de qual seja o propósito e a missão das empresas, que em última instância é sua razão de ser — e não a razão de seu fazer. Esquecemos que desempenho financeiro e lucro traduzem o número final de um trabalho realizado, ou de um serviço executado no correr de determinado tempo, e como a própria palavra diz: "resulta de". É meramente consequência. Lucro não deve ser um fim em si, mas sim a expressão direta da realização de um propósito. Na batalha do dia a dia, no entanto, o que se cobra é o número a ser apresentado na última linha do balanço, o *bottom line*. No dia seguinte começa tudo de novo, ou melhor, continua.

A dinâmica da vida é o caminho. Quando temos um propósito e queremos alcançá-lo, precisamos de direcionamento para nortear a jornada, avaliar se houve avanços, eventuais erros e se os objetivos propostos foram alcançados. Não podemos ignorar a metrificação, mas precisamos evitar virar escravos dela. Há uma diferença grande aí.

A metrificação é um parâmetro que se estabelece para criar referências, mas não deveria se tornar uma finalidade última e primordial. Sem dúvida é importante medir os avanços, até porque a competição se dá, em primeiro lugar, consigo próprio. O que dá sentido às nossas vitórias é a superação dos limites pessoais. Se não estabelecemos metas, talvez não tenhamos a dimensão das conquistas, do quanto evoluímos.

Vivemos, contudo, uma idolatria dos números. Muitas vezes nem paramos para analisar de que forma os resultados são alcançados, ou aquilo que eles traduzem. Não podemos apenas nos fixar nos números sem avaliar o que de fato representam, como foram obtidos ou o que revelam. Na cultura da idolatria dos números e da competição destrutiva, parece que para vencer é preciso destruir o oponente, aniquilar o concorrente. Infelizmente ainda impera um mundo de dominados e dominantes.

A prática de estímulo ao conflito está em grande medida instalada em parte das organizações, em nossas vidas, com reflexo na relação entre as nações. Esse é o padrão vigente e se circunscreve, inclusive, a muitos modelos pedagógicos, nos quais a competição conflituosa é instalada objetivando a superação. É darwiniano nesse aspecto: sobrevive o mais apto. Aqui, a medalha de prata é o primeiro dos últimos lugares. Nada mais, nada menos.

Um bom exemplo pode ser observado nos anos de escola, quando ao chegar em casa com nota nove ou dez no boletim, eventualmente recebemos parabéns. Já quando a nota é dois ou três, a reação, na maioria das vezes, é repreensão. Porém, sabe aquela nota boa? Quase ninguém pergunta ou avalia como foi obtida, mas foi colando. E aí? Poucos, de fato, se interessam em saber como se chegou ao resultado. Entrega-se a nota e pronto, é o que basta, o esperado.

No mundo das empresas ocorre algo semelhante. Em boa parte das vezes, o que importa, e o que se busca, é o lucro em si. Muitas vezes se ignoram a forma, o contexto e o impacto que ele possa produzir. Pouco se questiona como a lucratividade do negócio foi conquistada e quais as implicações e eventuais consequências do número obtido, ou a quem beneficiou.

No exemplo do boletim escolar, se a nota apresentada foi dois ou três, mas o aluno se esforçou, chamou os amigos para estudar, procurou dar o melhor de si e não conseguiu superar uma provável limitação, o que devemos honrar e valorizar? A nota boa colada ou a nota baixa conquistada com esforço?

Já no caso das corporações, é preciso uma avaliação com critérios parcimoniosos. Empresas que eventualmente se valeram do uso de concorrência predatória e procedimentos antiéticos, agiram com descaso em relação às questões socioambientais ou ainda abusaram de uma condição monopolista ou oligopolista, certamente não agiram de acordo com aquilo que "deveria" ser o seu real **propósito**.

É chegada a hora de levar em conta como se alcançam os resultados, pois em última instância, desconsiderar esse aspecto implica aceitar e valorizar um lucro alcançado sem dimensionar o seu real valor para a sociedade. Ou seja, se faz imperativo levar em conta como os resultados são obtidos e o que eles representam.

••

O lucro não deve ser um fim em si, mas a expressão direta da realização de um propósito. Isso vale para os indivíduos e para as organizações.

••

> O poder do espírito
> é a vontade, e a vontade
> transforma-se em Amor.
>
> **Hannah Arendt**

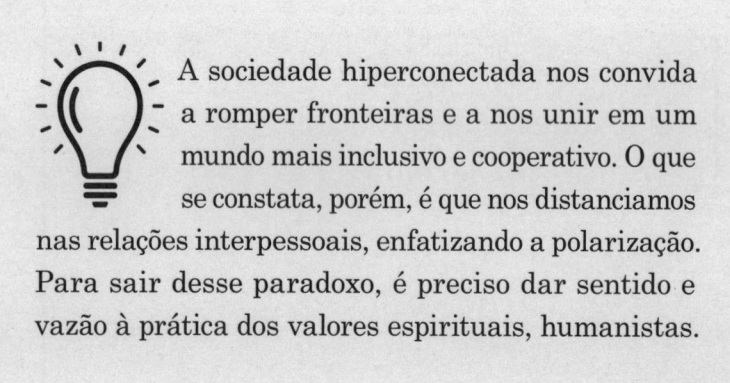

A sociedade hiperconectada nos convida a romper fronteiras e a nos unir em um mundo mais inclusivo e cooperativo. O que se constata, porém, é que nos distanciamos nas relações interpessoais, enfatizando a polarização. Para sair desse paradoxo, é preciso dar sentido e vazão à prática dos valores espirituais, humanistas.

NOVO OLHAR

Sempre que penso na crise econômica de 2007/2008, com a quebra do mercado hipotecário nos Estados Unidos, e suas consequências, me ocorre uma pergunta: o quanto do que aconteceu se explica pela busca de resultados a qualquer preço? O quanto falaram mais alto as questões egóicas?

Em uma análise de quais foram os gatilhos que culminaram na crise que se tornou global, talvez a palavra que melhor traduza a situação seja ganância. Ganância essa relacionada à busca pela maximização dos lucros corporativos e dos bônus individuais. A imagem que melhor retrata esse momento é a de uma bicicleta na qual, em determinado momento, o ciclista não consegue mais pedalar.

O castelo desmoronou porque foi um processo criado em cima de créditos concedidos a pessoas que não os deveriam receber, já que a avaliação artificial e inflada de seu patrimônio não expressava o real valor de seu ativo. No final do dia, os lastros dados em garantia não valiam o que supostamente deveriam valer. Deu no que deu. Esse é um bom exemplo que nos leva a concluir que, em grande medida, propósitos e estímulos encontram-se dissociados de um sentido maior em nossa sociedade.

Velhas questões sem resolução vão se somando às novas, que surgem a todo instante. Por falar em novas, nos deparamos, nesse limiar, com uma gigantesca revolução exponencial, fruto da emergência de tecnologias disruptivas, quando naturalmente surgem enormes desafios, mas também oportunidades.

O mundo hiperconectado nos convida a romper fronteiras e a nos unir, porém o que se constata é que nos distanciamos. Uma dialética curiosa na qual, aparentemente, aquilo que nos serve como instrumento de aproximação e cooperação ao mesmo tempo nos divide e polariza. Uma possível resposta para essa dialética pode estar na valorização do Ter em detrimento do Ser. Muito possivelmente, só inverteremos essa lógica quando o Ser, ou a essência humana, passar a ocupar o centro de tudo.

A busca pela verdadeira essência humana é uma das mais antigas investigações da história. Do filósofo chinês Confúcio (551-479 a.C.) ao naturalista britânico Charles Darwin (1809-1882), passando pelos filósofos gregos Platão (428-348 a.C.) e Aristóteles (384-322 a.C), e pelos iluministas Immanuel Kant (1724-1804) e Jean-Jacques Rousseau (1712-1778). Certamente a análise das teorias filosóficas sobre a natureza humana não está no escopo de nossa escrita. Mais de uma dezena dessas perspectivas podem ser visitadas na obra *Treze teorias sobre a natureza humana*, a sétima edição do best-seller do filósofo americano Leslie Stevenson.

A matemática que não está nos livros

No novo contexto em que vivemos, somos levados a romper paradigmas. Significa que conceitos clássicos como "eu ganho e o outro perde" dão lugar a uma lógica na qual a grande realização é a competição em si. Aplaude-se o vencedor e honra-se o perdedor. Ao valorizar o espetáculo, e o jogo em si, valoriza-se todos, não apenas quem venceu e alcançou o melhor desempenho.

Se correlacionarmos essa reflexão ao universo das organizações, significa levar em conta todos os stakeholders e a sociedade nas escolhas e ações cotidianas. Nessa hora, ganhos e perdas transformam-se em ganha-ganha, até mesmo quando uma das partes se vê diminuída, ou mesmo dividida, para somar ou multiplicar o conjunto. É o menos que significa mais. Uma matemática que não está nos livros, na qual se diminui para somar, e se divide para multiplicar.

Cada vez fica mais evidente que é preciso repensar o modelo atual para tratar a questão fundamental e maior: a prosperidade e a felicidade de todos. Esse axioma, acredito, só se resolverá quando verdadeiramente incluirmos e incorporarmos a prática dos valores espirituais, ou humanistas, na solução das equações políticas, econômico-financeiras e sociais de nosso tempo. Somente assim tudo ganhará real sentido e efetividade.

Vivemos dissociados desse objetivo e estruturalmente colapsados. A inserção desses valores nos levará necessariamente a colocar o indivíduo e o bem comum no centro de tudo. Eis o que chamo de **resgate do ser humano**.

Cabe observar que, infelizmente, as práticas religiosas mais têm nos dividido do que aproximado, fazendo com que cada um se apegue à sua verdade, trazendo discórdia, rancor, intolerância e discriminação.

Sou um curioso das religiões. Ao estudar algumas, concluí que são línguas de falar com Deus. Como qualquer idioma, cada qual tem sua especificidade e seu modo de fazer a ligação com o divino. A despeito dos dogmas de cada crença, ao mergulhar em sua essência, as religiões propõem valores comuns. Entre os ensinamentos deixados por dois grandes mestres que visitaram nosso planeta, Jesus e Buda, podemos citar a compaixão, o perdão e o desapego, por exemplo.

A incorporação e a prática dessas virtudes tornam-se essenciais na busca por respostas às questões de nosso tempo. Se, de fato, a adoção de valores espirituais, humanistas, estiver na centralidade da solução das equações sociais, econômicas e políticas, encontraremos as melhores alternativas em resposta à mais desafiante e complexa questão sobre a vida em sociedade: como construir e alicerçar as bases para uma vida digna, feliz e em paz.

Aliás, Peter Diamandis, fundador da Singularity University, instituição do Vale do Silício que assessora líderes mundiais em tecnologia de crescimento exponencial, propõe que bilionário não é aquele que tem um bilhão no banco, mas o indivíduo que faz a diferença na vida de um bilhão de pessoas.

É chegado o momento de questionar se é preciso crescer o tempo todo. Será possível gerar riqueza, estabilidade social, empregos, bem-estar e felicidade somente por intermédio do continuado crescimento?

A produção da riqueza medida pelo Produto Interno Bruto (PIB) como indicador de sucesso ou fracasso das nações virou uma espécie de religião do nosso tempo.

Nas palavras do economista Ladislau Dowbor,[1] a questão não se resume ao crescimento do bolo, mas sim à sua distribuição. De acordo com ele, a humanidade parece fixada nesse único grande objetivo. Se o PIB aumenta, significa que o governo é bom, as empresas pagam salário aos empregados, permitindo a compra de produtos e serviços, o que muitos chamam de progresso econômico. Como lembra o professor Dowbor, não basta avançar, é preciso saber para onde. "Não basta dizer 'estamos produzindo mais', é preciso olhar o que estamos produzindo, para quem e como, ou seja, com que impactos sociais. Esse olhar mais amplo abre uma perspectiva profundamente diferente", afirma.

Definitivamente, precisamos de um novo olhar. O próprio professor Dowbor avalia que mais do que garantir acesso ao consumo, é necessário assegurar a inclusão produtiva, segundo ele uma "dimensão essencial do sentimento de pertencimento e dignidade que resulta do fato de contribuir para a sociedade".

O olhar do sentido

Um aspecto para o qual gostaria de chamar a atenção se encontra na história de vida do psiquiatra austríaco

---

1. **Ladislau Dowbor** é professor titular da Pontifícia Universidade Católica de São Paulo (PUC-SP), atuou como consultor do Secretário-Geral da Organização das Nações Unidas (ONU). Sua biblioteca online está disponível em: https://www.dowbor.org e reúne informação científica e acessível sobre desenvolvimento econômico, social, cultural e ambiental.

Viktor Frankl (1905-1997), autor de *Um sentido para a vida* e *O homem em busca de um sentido*. Frankl foi prisioneiro em um campo de concentração nazista, onde perdeu parte da família, e quis o destino que ele sobrevivesse.

O psiquiatra fez uma importantíssima e preciosa constatação: no campo nazista conheceu pessoas que, mesmo diante de todas as agruras, viveram a vida em sua plenitude, pois a ela escolheram dar significado, criando para si um objetivo e um sentido de existência — fosse cuidar de um filho, escrever um livro ou simplesmente viver plenamente mais um dia. Já no consultório, ele conheceu pessoas que nem de perto passaram por algo semelhante a um campo de concentração e, no entanto, não puderam desfrutar a vida de forma plena, pois a ela não conseguiram dar significado. Viviam eternamente aprisionadas em seus campos de concentração interiores.

Em *A vida é bela*, filme de 1997 dirigido e estrelado pelo italiano Roberto Benigni, vê-se a tentativa de um pai preso no campo de concentração escolher prover o melhor para seu filho, transformando a situação de angústia em uma brincadeira aos olhos da criança. Ou seja, mesmo diante da maior calamidade, dependendo da forma como você olha para as circunstâncias que a realidade apresenta, há possibilidade para transformação. O protagonista do filme não fugiu à dura realidade, mas tentou construir algo lúdico, de forma a tocar o coração do filho com momentos de alegria, leveza e felicidade.

Não nos esqueçamos de que nos realizamos também pela realização dos outros.

O olhar do caminho

Podemos usar como inspiração a referência descrita no romance *O caminho do guerreiro pacífico*, do escritor americano Dan Millman.[2] No livro, o personagem se afasta do passado, dos medos e passa a focar no processo interno de transformação, apreciando cada etapa do percurso. Para isso, descobriu ser essencial aprender a controlar as emoções, a lidar apenas com o que está ao seu alcance e a reconhecer e valorizar a jornada. O livro inspirou o filme *Poder além da vida*, com o ator Nick Nolte no papel de Sócrates, o sábio, para quem as maiores batalhas que enfrentamos na vida são aquelas que estão dentro de nós. A felicidade, ele diz, encontra-se no percurso, não no destino.

Não tenho dúvidas em afirmar que é a jornada que importa. Alcançar os objetivos e o resultado pode ser gratificante, mas o importante mesmo é desfrutar do trajeto percorrido. **Valorizar o caminho torna-se a essência da experiência na busca continuada pela realização de nossos propósitos.**

---

2. O TEDx com o ex-atleta e escritor norte-americano **Dan Millman** está disponível em: https://m.youtube.com/watch?v=fVNTSGDPGoc

Não basta crescer e avançar apenas, é preciso saber para onde, por que e como, valorizando o percurso e cada etapa de nossa jornada de vida.

> O amor é a força mais abstrata e, também, a mais potente que há no mundo.
>
> **Mahatma Gandhi**

Servir com amor é a fórmula que permite viver nossa humanessência e erguer as bases de um modelo social, político, econômico e tecnológico com mais sentido e propósito.

O VELHO NOVO CAMINHO

As palavras nos ensinam muito. Nem sempre paramos para refletir sobre seu real significado. No entanto, muitas se revelam verdadeiras mestras. Comecemos por **escolha**, onde tudo se inicia. Trabalhamos no mundo das possibilidades e ao fazermos uma escolha, optamos por determinado caminho. Decidir não escolher também é uma escolha. Estamos o dia todo, o tempo todo fazendo escolhas. A própria origem da palavra, do latim *elígere*, traz o sentido de apanhar, colher, selecionar.

Assim, assumir a liderança da própria história, ser autor, diretor, ator, cenógrafo, enfim, o protagonista do filme de sua vida implica ter feito e continuar fazendo escolhas. Trata-se, indubitavelmente, de encarar e liderar a mais importante de todas as missões: aquela que exerço sobre mim. Liderar a própria vida passa por fazer escolhas que a valorizem. E não fazer essa escolha significa optar por não viver, apenas passar pela vida. Escolhas fazem parte do processo que passa, inclusive, por dar ouvidos à intuição. Muitas vezes a razão nos conduz a decidir por A e algo dentro de nós diz para optar por B. O essencial é tomar consciência disso, e reconhecer que estar ciente de si é um processo dinâmico, progressivo e continuado de autoconhecimento.

Acontece que a maioria de nós vive no modo "piloto automático". Quantas pessoas param para levar um papo consigo mesmas? Surge aqui a importância de uma palavra que expressa conhecimento milenar:

meditação. Essa palavra nos ensina e revela a prática de refletir profundamente, voltar-se ao seu centro, em silêncio, e se ouvir. E nos estados mais profundos de contemplação mental, reconhecer-se em sua essência. É me-ditar, no sentido de ditar a si.

Daí a importância de fazer escolhas conscientes que nos levem a expandir nossa visão, alçar novos caminhos e rever modelos. No caminho que a maioria de nós vem percorrendo, as opções relacionam-se ao mundo do fazer e do ter. De alguma forma, ignoramos, ou não valorizamos o mundo do ser.

Desenvolvimento pessoal

No modelo predominantemente vigente, a narrativa de vida fica circunscrita ao mantra "*do, have and be*" [**faça, tenha e seja**]. Exatamente nessa ordem. Está presente em nossas casas, é reforçado nas escolas, ganha dimensão nas corporações e organizações. Em última instância, podemos dizer que se aplica a todo o organismo social vigente. Na dinâmica atual, ficamos subjugados pela ordem do fazer. A maior parte da energia despendida fica vinculada a uma equação preponderante: se faço, eu tenho, logo sou percebido e valorizado em função daquilo que possuo. Portanto, porque faço, eu tenho, então sou. Será mesmo?

Nesse contexto, o caminho fica restrito e centrado na recompensa econômica, em todos os sentidos, inclusive na dinâmica das relações sociais. Significa que a maioria das pessoas é rotulada por suas posses, e as empresas são valorizadas apenas por seus resultados econômicos. O sentido de vida e o propósito ficam limitados àquilo que se realiza ou se adquire.

Para as organizações, a missão, que é a expressão de seu propósito, não deveria estar correlacionada e confundida com lucro, uma vez que o resultado financeiro deve ser consequência da busca de realização de uma missão. Não quero eliminar ou minimizar a importância e a relevância do ato de fazer, que tira projetos do mundo das ideias e intenções, dando-lhes forma e vida, mas, sim, chamar a atenção para a inversão daquilo que entendo ser a ordem intrínseca perdida.

E qual é essa ordem? Exatamente o oposto: **"ser, fazer e ter"**. Temos aqui uma clara inversão na dinâmica pela qual as ações se estabelecem. Trata-se do que considero o resgate do ser humano. Trilhar essa jornada pressupõe viver o universo do *self*, iniciando por conhecer-se e assim dar significado real e verdadeiro à própria experiência de vida.

Vejamos. Se faço algo exclusivamente com o objetivo de ter, desassociando de minha essência, posso até achar que concretamente alcancei minha meta, até o momento em que percebo que esse feito está desconectado do meu eu, e daquilo que, de fato, eu deveria desenvolver. Quando a pessoa descobre quem ela é verdadeiramente, sem autossabotagem, seu potencial cresce de maneira exponencial, seu fazer, suas conquistas ganham uma nova dimensão. O *drive* central passa a ser a equação seja-faça-tenha. Curiosamente, é como nós nos definimos enquanto civilização: *human being*, e não *human doing*. Ser humano, e não fazer humano. Enfim "sendo humano".

Eis, portanto, o meu convite: seja para fazer (e ter) e não faça para ser; pois sendo, você fará (e terá) e só fazendo, você não será.

Esse convite implica quebrar o modelo vigente, iniciando por reconhecer-se (quem sou), significar a experiência de vida (definir e agir de acordo com propósitos), reconhecer o outro (colocar-se no lugar alheio) e adotar uma visão holística (somos um e somos todos).

Em princípio, pode parecer uma simples tentativa de recolocar o ser humano na centralidade das questões e permitir que cada um desenvolva seu potencial, mas é muito mais do que isso. O que proponho é dar-nos a oportunidade de efetivamente vivenciarmos uma experiência que faça sentido e valha a pena.

Se não formos capazes de, a tempo e horas, entender e desenvolver esse processo, temo que continuaremos a nos expor a um mundo no qual a prevalência do ego, da vaidade e do instinto dominador-predador comprometa e cerceie a possibilidade de vivenciarmos um novo tempo, um novo mundo, uma nova forma de convivência. Diria mais, fechar os olhos para essa realidade pode até colocar em risco nossa sobrevivência enquanto espécie.

Palavras-mestras

A pergunta que surge então é: como quebrar o atual paradigma? Como trabalhar o universo do Ser? Como desvendar e deixar aflorar a essência e a luz que há em cada um de nós? Encontrei a resposta numa palavra simples e antiga: **servir**. Nela revela-se o caminho para o **vir a Ser**, no qual servir é a capacidade que cada um de nós possui de possibilitar a si e ao outro vir a Ser. Servir, portanto, é o caminho. Não mais o fazer pelo fazer, ou o ter pelo ter.

O caminho do servir, estou convencido, possibilitará encontrar e desabrochar o melhor do ser humano, no sentido explícito do exercício da humanidade. Para tanto, é vital a existência de um fio condutor que a todos e a tudo possa mover e unir: **o amor, o mais concreto dos abstratos**.

<u>AMOR</u> talvez seja o tema mais abordado ao longo de nossa história. Alquimia pura e catalisador das relações humanas, o amor é a força vital que nos alimenta e alicerça as relações. Um dos mais eruditos poetas islâmicos da era medieval, o teólogo persa conhecido como Rumi[3] definiu o amor como sendo a cura, a magia das mudanças, o espelho da beleza divina. *"Ouça com ouvidos de tolerância! Veja através dos olhos da compaixão! Fale com a linguagem do amor"*, profetizou.

---

3. Jalal ad-Din Muhammad Balkhi ou **Rumi** (1207-1273) ficou conhecido por seus poemas inspiradores sobre temas relacionados ao amor, à espiritualidade e à experiência humana.

Em todas as correntes filosóficas ou religiosas o amor está presente. Na tradição budista, o amor genuíno é composto de quatro elementos, de acordo com o monge Thich Nhat Hanh.[4] São eles a bondade amorosa e a compaixão, que se traduzem na compreensão das dores e necessidades do outro; a alegria e a equanimidade, ou amor sem fronteiras, estendido também a plantas, animais, minerais e ao planeta.

Paulo de Tarso, o Apóstolo Paulo, influente escritor, teólogo e pregador do cristianismo definiu o amor como elemento de união e sentido capaz de dar vida às coisas, a ponto de ser comparável a um objeto inanimado sem a presença dele: *"Ainda que eu falasse línguas, as dos homens e as dos anjos, se eu não tivesse amor, seria como o bronze que soa ou como címbalo que tine".*[5]

Na perspectiva do biólogo Antônio Donato Nobre,[6] o amor incondicional representa a força de fusão do universo e a linha mestra do sistema natural. Um dos principais propagadores no Brasil da Teoria de Gaia, a hipótese de que a Terra funciona como um organismo vivo autorregulador, Nobre explica que amor incondicional pode ser interpretado como um reconhecimento de que a vida é interdependente e que, ao cuidar do próximo, protegemos a nós mesmos.

---

4. A apresentação de **Thich Nhat Hanh** (1926-2022) está disponível em: https://youtu.be/_J3xnj6BgeM
5. Bíblia, 2002, 1ª Carta aos Coríntios, 13:1.
6. A apresentação de **Antônio Donato Nobre** está disponível em: https://www.youtube.com/watch?v=Nhom_vWVFos

Essa visão abrange a ideia de que a natureza, em sua totalidade, funciona de forma interligada e cada componente da Terra possui papel essencial para o funcionamento do sistema como um todo. Se um único componente falha ou é negligenciado, isso afeta todo o organismo, assim como no corpo humano. Isso implica que nossas ações não afetam apenas nossa saúde ou bem-estar, mas impactam o equilíbrio do planeta e a saúde de todos os outros seres vivos.

De acordo com o cientista, as células do corpo humano funcionam de maneira igualmente colaborativa e o sistema imune possui tolerância zero com o egoísmo. Nobre explica que quando uma célula de nosso corpo se torna egoísta, quer crescer e se multiplicar, é sinal de anomalia. Ou seja, a célula se danificou, tornou-se um tumor. No entanto, vivemos em uma sociedade predominantemente egoica, logo:

> Esse cosmos, essa galáxia de sistemas celulares ambulante que é o corpo humano funciona de maneira colaborativa absoluta. Quando surge egoísmo no sistema, algo não está funcionando direito. Se alguma entre as células do corpo resolve não colaborar mais, ela é foco de estudo de uma área da medicina chamada oncologia. (NOBRE, 2019)

Uma constatação paradoxal que vale a pena notar: à primeira vista, o amor quase nunca é demonstrado, expresso ou verbalizado no universo no qual passamos a maior parte de nossas vidas: no trabalho, no dia a dia do exercício da atividade profissional. A expressão "faça com amor", na maioria das vezes, representa apenas palavras lançadas ao vento sem correlação com a ação ou a prática.

No exercício do verdadeiro servir, porém, as palavras funcionam como guia e mestres de nossas ações cotidianas. Algumas têm valor moral, outras convidam à ação comportamental.

COMPAIXÃO simboliza, muito possivelmente, a mais sublime expressão do amor. Representa a capacidade de entender a dor do outro, acolher o sentimento alheio e expressar empatia. Necessariamente implica compreender e aceitar erros, exercitar a tolerância e conviver com as diferenças e os diferentes, sejam quais e quem forem. Somente a partir de nossas diferenças surge a possibilidade de construir algo melhor e maior. Aceitar nossos erros e os dos outros se constitui importante força moral e um aprendizado para o processo evolutivo e cooperativo. Temos dificuldade em lidar com falhas e aceitar erros. Mas, se os tomarmos como lições e experiências, os obstáculos se tornam fundamentais para desbravar o caminho de nossa existência com mais propósito.

Apelidado de homem mais feliz do mundo, o monge budista francês Matthieu Ricard defende que a felicidade autêntica não está ligada a uma ação ou atividade singular. Para ele, ser feliz é um estado de espírito, um "profundo equilíbrio emocional decorrente da sutil compreensão do funcionamento da mente", da aceitação da realidade, da interdependência e da transformação. Ao meditar, ele diz, assume-se a compaixão incondicional de colocar a mente em estado de profundo amor. Vale a pena assistir à sua apresentação no TED sobre os estudos científicos a respeito dos efeitos da meditação.[7]

HUMILDADE expressa a contenção do ego, que a toda hora bate à nossa porta, perturbando e querendo nos dominar. Lidar com ele não é fácil, requer trabalho, persistência e perseverança. Ser humilde implica também reconhecer limites e limitações, aceitar ajuda e agradecer. Essa palavra diz respeito à autoestima, entendida como sendo a condição de amar a si próprio, aceitar-se, reconhecer-se e buscar melhorar e aprender sempre. Quem humilde é não sabe que o é. Quem dirá sobre Chico Xavier,[8] líder espírita com quem tive a felicidade de estar em duas ocasiões. O médium vivia de forma quase simplória, seu alimento era de outra natureza. Uma de suas frases é lapidar:

> A humildade não está na pobreza, não está na indigência, na penúria, na necessidade, na nudez e nem na fome. A humildade está na pessoa que tendo o di-

---

7. A apresentação do monge e ex-biólogo molecular **Matthieu Ricard** no TED está disponível em: https://www.ted.com/talks/matthieu_ricard_the_habits_of_happiness#t-555963

8. **Chico Xavier** (1910-2002), ou Francisco Cândido Xavier, foi o mais notório divulgador do espiritismo no Brasil. Um exemplo de seu pensamento está no programa *Pinga-Fogo*, da TV Tupi, disponível em: https://youtu.be/_lsOg2zZDTE

reito de reclamar, julgar, reprovar e tomar qualquer atitude, compreensível no brio pessoal, apenas abençoa. (XAVIER, 1971)

PERDÃO é a palavra que nos ensina a doação em seu grau máximo. Diz respeito a aceitar perdas, sejam reais ou imaginárias, e a sermos misericordiosos. Há somente uma forma honesta e verdadeira de expressar o perdão, e ela se dá pelo coração. E quem é a primeira pessoa que devemos perdoar? Nós mesmos. Ou seja, perdoar é algo que se faz primeiramente por si mesmo do que pelo outro. Perdão deriva do latim *perdonare*, que significa dar, entregar e doar-se por completo. Ou seja, seria a absolvição completa do outro e de si próprio. Perdoar passa necessariamente por aceitar perdas e abrir mão de sentir-se vítima de algo ou alguém. Muitas vezes o perdão tem mais efeitos positivos para quem perdoa do que para quem é perdoado.

Interessante notar que, em química, o prefixo "per"[9] representa o nível máximo de alguma substância. Portanto, quando associado ao amor, perdão significa doar-se no nível máximo. Basta mais uma vez lembrar as sábias palavras do líder político e pacifista indiano Mahatma Gandhi (1869-1948), que abraçou a não violência e o perdão como métodos de ação. *"O fraco jamais perdoa: o perdão é uma das características do forte"*, sintetizou.

---

9. Vale a pena assistir à explicação sobre o prefixo "per", disponível em: https://youtu.be/ODMeSRVwX4s

PACIÊNCIA está diretamente relacionada ao autocontrole emocional e à tolerância dos erros próprios e alheios. É a capacidade de manter a serenidade e a calma diante das injúrias e dos fracassos, e se correlaciona à experiência da perseverança. No contexto da espiritualidade, nos é dito que paciência é uma virtude e que coisas boas advêm àqueles que sabem esperar. Quando aprendemos a aceitar quem somos, e a abraçar a vida no aqui e no agora, nossa impaciência desaparece. Do contrário, as alternativas que nos restam são frustração, angústia, irritação e desperdício de energia.

Paciência pressupõe suportar e aceitar. Ela desconhece o medo. E aplica-se tanto para as questões do mundo interior quanto às do exterior. No aspecto introspectivo, tão necessário à busca do autoconhecimento, a paciência é essencial para o exercício da autotransformação, para a prática do silêncio criativo que possibilita o aprofundamento de nosso diálogo interno. Já no universo exterior, a paciência é fundamental para superar a ilusão da identidade do ego. O médico indiano Deepak Chopra,[10] autor de livros sobre bem-estar e desenvolvimento humano, entre eles *As sete leis espirituais do sucesso*, diz que no nível espiritual mais profundo, não estamos conectados unicamente com nossos pais, irmãos e irmãs, senão com todo o universo. Quando crescemos conscientizados desse fato, vivemos

---

10. **Deepak Chopra** está no podcast "Como ser mais presente e não ser oprimido pela vida". Disponível em: https://youtu.be/kVnT7nF2twM

em unidade e celebramos os êxitos de todos os demais. *"Nosso eu pessoal dá lugar a um eu universal"*, afirma.

ÉTICA é uma palavra revestida de enorme complexidade e um conceito esmiuçado por muitos filósofos e pensadores. Sua definição é relativa e encontra-se circunscrita a padrões morais, seja no contexto das culturas ou no âmbito das religiões. Busco a referência do educador Mario Sérgio Cortella, para quem ética se aplica à prática de costumes e valores temporais. No limite, é a tentativa de se estabelecer o que é certo e errado, e por que não, uma tentativa de delinear os limites entre virtude e prudência, entre o bem e o mal. Já sob o prisma daquilo que propomos neste texto, escolhemos uma definição bem mais modesta: ética é a opção pelo bem do todo, ou o bem comum. Algo simples de entender, mas complexo e desafiador em seu implementar. Tomei emprestado esse conceito de Christina Carvalho Pinto, uma das mais premiadas publicitárias do país, e inspiração para o movimento de despertar de uma nova consciência.

GRATIDÃO está no grupo das palavras que indicam uma ação comportamental, uma atitude a adotar de forma consciente. Implica vivenciar a experiência de agradecer por aquilo que nos foi concedido. Gratidão é saber que precisamos uns dos outros, reconhecer que não podemos prescindir de outras pessoas. Ao adotar essa palavra-mestra como guia, sinceramente e verdadeiramente, nos vinculamos aos outros.

Para melhor exemplificar, compartilho o pensamento do reitor honorário da Universidade de Lisboa, António Sampaio da Nóvoa[11] em um encontro memorável sobre formação de professores para o futuro na Universidade Estadual do Paraná, em 2014. Na ocasião, o professor estabeleceu interessantíssima relação entre as diferentes formas linguísticas de expressar agradecimento, conforme postuladas no *Tratado da gratidão*, de São Tomás de Aquino. O mais superficial nível de agradecimento, ensina Nóvoa, é o do reconhecimento intelectual, que ocorre no nível cerebral, cognitivo, e é usado nos idiomas anglo-saxões, como inglês e alemão, por exemplo. No nível intermediário, dá-se uma graça, ou uma mercê a alguém por algo que esse alguém realizou por nós. Esse é o nível de agradecimento empregado na maior parte das línguas europeias. O terceiro nível, e mais profundo, é o do vínculo, quando a pessoa se sente vinculada e comprometida com alguém por gratidão. E só em português se agradece com esse grau mais profundo, explica o catedrático português. Dizer obrigado significa "fico obrigado perante você, fico vinculado, comprometido, agradecido", disse o professor.

ALTRUÍSMO nos revela a importância de pensar além de si mesmo, de ir ao encontro das necessidades alheias, de nos colocarmos no lugar do outro. Em última instância, implica nos realizarmos pelas realizações de

---

11. Palestra de **António Sampaio da Nóvoa** está disponível em: https://youtu.be/bBRzA9zlguQ

outrem. Segundo o pensamento do filósofo positivista francês Auguste Comte (1798-1857), o altruísmo é a tendência ou inclinação de natureza instintiva que incita o ser humano à preocupação com o outro, evitando a ação antagônica do egoísmo. Altruísta é a pessoa com inclinação para incentivar e ajudar o próximo a alcançar suas metas e sonhos, e que encontra felicidade nessa atitude. De forma amplificada, esse conceito pode ser entendido como o exercício de ser solidário.

Enquanto a solidariedade é uma motivação moral em relação ao outro, que independe de crenças religiosas, a caridade é inspirada no amor divino para projetar-se ao próximo. A própria etimologia da palavra caridade vem do latim *caritas*, a manifestação do amor divino. Para alguns, a solidariedade tem uma dimensão horizontal porque significa tratar o outro por seu semelhante, ao passo que a caridade é vertical, e atua como a representação do amor divino aplicado ao outro.

Já filantropia é uma palavra que tem como origem as expressões gregas *philos* e *ánthropos*, que podem ser livremente traduzidas como "amor" e "ser humano", e retrata o amor pela humanidade. Um símbolo ímpar de caridade foi Madre Teresa de Calcutá (1910-1997), a missionária que se tornou importante símbolo da Igreja Católica. Madre Teresa se doou tanto, e para tantos, que transformou sua vida em um ato de devoção. Uma curiosidade: ao receber o Prêmio Nobel da Paz, em 1979, perguntaram a ela o que era preciso para promover a paz mundial. A resposta: *"Voltem para seus lares e amem suas famílias".*

Caridade, solidariedade e filantropia, em minha visão, são sentimentos irmãos do altruísmo, que representa o ato de se colocar no lugar do outro. Assim se explica o comportamento do industrial Oskar Schindler (1908-1974), que usou sua influência e fortuna para salvar as vidas de cerca de 1.200 judeus que seriam ceifadas no Holocausto, como se pode ver no filme *A lista de Schindler* (1993), do diretor Steven Spielberg.

A teoria de que a cooperação e o altruísmo são um aspecto da natureza humana mais dominante do que o interesse próprio foi abordada no documentário francês *A Revolução Altruísta*.[12] Por oposição irônica, no livro *O gene egoísta*, de 1976, o biólogo evolucionista britânico Richard Dawkins apresenta a tese de que genes são egoístas, e se comportam de forma a maximizar sua própria sobrevivência e replicação. Dawkins argumenta que os organismos são, essencialmente, veículos criados pelos genes para se perpetuarem, mas também possuem comportamento altruísta quando se trata de preservar seus parentes. Nesse sentido, um organismo pode sacrificar-se para proteger outros que compartilham os mesmos genes.

RESPEITO é uma palavra com origem no latim *respectus*, que significa olhar para trás com a intenção de apreciar aquilo que merece um segundo olhar,

---

12. Documentário francês *A Revolução Altruísta*, de 2015, está disponível em: https://youtu.be/yRX2QmWLvU4

merece respeito. É um outro olhar para designar, qualificar e dar forma à expressão "ouvir gentilmente", que significa transcender ao simples ouvir fisiológico, e se caracteriza por três dimensões. A primeira delas é "ouvir com os olhos", dar foco e atenção ao que está sendo dito. Quando falamos, o mínimo que esperamos é que nosso interlocutor esteja presente e que tenhamos sua atenção. A segunda dimensão de ouvir gentilmente é "escutar com os ouvidos" e significa capturar a intenção da comunicação. Muitas vezes escutamos sem ouvir, o que torna um monólogo aquilo que deveria ser um diálogo, ou o exercício da busca do sentido comum. A terceira e talvez mais relevante dimensão da palavra respeito é "ouvir com o coração". Sentir, capturar e valorizar a verdadeira intenção daquilo que é dito. Encontramos num dos grandes clássicos da literatura infanto-juvenil, *O Pequeno Príncipe*, do escritor francês Antoine de Saint-Exupéry,[13] uma citação que ilustra essa dimensão do ouvir com gentileza. A raposa revela um segredo e diz: *"é somente pelo coração que se vê corretamente, o essencial é invisível aos olhos".* Isso tudo é ouvir gentilmente. É Respeito, assim, em maiúscula.

RESILIÊNCIA é a capacidade de um sistema de manter suas funções e estruturas básicas em situações de choque e perturbações, aprendendo, adaptando-se e auto-organizando-se. Na engenharia, designa os materiais

---

13. Uma boa síntese da vida do ilustrador e aviador francês **Antoine de Saint-Exupéry** (1900-1944) está no documentário com suas últimas imagens, disponível em: https://youtu.be/y1aY5QcErZQ

que ao sofrerem alguma deformação, conseguem retornar à forma original. Materiais resilientes reúnem duas propriedades básicas: resistência e flexibilidade. Um exemplo é o concreto, formado pela união do ferro ao cimento. Na natureza, o melhor símbolo é o bambu, que tem por característica a capacidade de envergar sem se quebrar. No Oriente, o bambu representa também a humildade, o que nos remete à questão: para sermos resilientes, precisamos ser humildes? A resposta me parece clara: sim. Vejamos a seguir.

No universo humano, pode-se dizer que resiliência seja a capacidade de o indivíduo lidar com problemas, adaptar-se a mudanças, superar obstáculos, resistir à pressão de situações adversas, como estresse ou outro tipo de evento traumático. Nesse contexto, é importante entender o conceito de **plasticidade**, que significa adaptar-se, moldar-se e seguir em frente. A plasticidade nos ensina que a resposta à maioria dos nossos embates não está em ir contra, mas sim em aceitar, procurar as brechas e contornar obstáculos. A melhor síntese são as águas correntes que, ao longo de seu percurso, contornam as pedras que surgem no caminho para, finalmente, alcançar seu destino, o mar. Resiliência e plasticidade representam a capacidade de nos recuperarmos de situações de crise, enfrentarmos a obscuridade e aprendermos a transformá-las em oportunidade. Resiliência é ter a mente flexível e o pensamento otimista, metas claras e a certeza de que tudo passa. Em resumo, podemos dizer que resiliente é o ser que, após o caos, apega-se à vida e à sua imensa significância. E segue em frente.

Para o filósofo e educador Mario Sérgio Cortella, resiliência é a competência organizacional mais essencial no futuro próximo. Algo semelhante ao que foi o movimento de eficiência e qualidade total nas décadas passadas. Ele entende a palavra resiliência como uma competência de dois graus. O primeiro, e mais simples, seria a capacidade de retornar ao estado original após a absorção de choques. Nesse estágio não ocorrem mudanças significativas na natureza ou na estrutura do sistema. O segundo grau seria a **antifragilidade**, que é a capacidade de adaptação e desenvolvimento conforme aumentam o impacto e a frequência das mudanças. E que funciona nos moldes de um ecossistema biológico, com a habilidade de regeneração contínua.

Já a plasticidade seria a propriedade do indivíduo de mudar quando exposto a determinada situação nova e desafiadora, moldando-se e assumindo novo formato. Não se trata de uma variação momentânea, à espera do ambiente retornar à forma original. Na plasticidade, o que vale é reinventar-se, adquirir competências, saber ler os sinais de mudança e aprender. Ou seja, **plasticidade é transformação**. Mas como é possível nutrir a resiliência e a plasticidade em uma organização? Eis aí uma grande questão. Precisamos entender a organização como um sistema vivo, complexo, que busca se adaptar continuamente a partir de seus subsistemas interdependentes. No qual a dimensão central são as pessoas.

COOPERAÇÃO representa ação conjunta visando ao alcance de um objetivo em comum. É a ação honesta do ato de ajudar, apoiar e compartilhar. Falar sobre cooperação nos leva necessariamente a tratar de competição. Não há como negar que somos seres competitivos, é a nossa natureza, e é bom que assim seja. A primeira e a mais relevante competição da qual participamos todos, sem exceção, é aquela que travamos conosco. Essa é a maior e a mais importante competição, e a que nos traz as maiores alegrias, decepções e frustrações.

Afinal, do que estamos falando? É possível cooperar e competir? Para responder a essa pergunta e compreender sua relevância enquanto palavra-mestra desse novo modelo, precisamos entender a dinâmica na qual a competição acha-se inserida no contexto dos valores predominantemente vigentes na sociedade de hoje, quiçá desde sempre. A de que para vencer é preciso destruir, aniquilar, derrotar o adversário. Costumeiramente, ser o número um é o que conta. Não honramos os resultados e, em boa medida, nem os adversários. Esquecemos da importância do que realmente importa, que é o caminho, a jornada, a forma como o resultado foi alcançado. Nos dias de hoje, repito, na maioria das vezes, a medalha de prata simboliza e representa nada além do primeiro dos últimos lugares.

Dessas observações nascem duas questões relevantes: 1. Se a primeira pessoa com quem se compete somos nós mesmos, então será que preciso me autodestruir para vencer? Não faz sentido. 2. Como então entender vitórias e conquistas sob o prisma da cooperação?

Aqui surge o conceito da **COOPETIÇÃO**, que é o competir sadio e colaborativo, em que quem ganha é o todo, e são todos. Derivada da união das palavras competição e colaboração, a coopetição representa a busca por objetivos comuns. Empresarialmente, trata-se de uma maneira de os negócios se unirem e fortalecerem para conquistar um objetivo conjunto, gerando ganhos para todos em vez de os envolvidos guerrearem entre si. *Co-opetição: uma mentalidade de revolução que combina competição e cooperação* é o título de um livro que trata de um neologismo criado para descrever o conceito de cooperação entre concorrentes. Publicado em 1996 por Adam Brandenburger e Barry Nalebuff, e relevante até os dias de hoje, o livro apresenta as vantagens que concorrentes podem ter ao trabalhar juntos.

Um exemplo brasileiro são os caixas eletrônicos interligando os bancos 24 horas, em que diversas instituições financeiras compartilham seus caixas em um mesmo terminal, evitando que as pessoas se desloquem em busca de máquinas de atendimento exclusivas de cada banco.

Um ótimo exemplo pode ser encontrado na publicação do tenista Roger Federer no Instagram, em janeiro de 2022, celebrando a conquista do 21º Grand Slam por seu grande rival Rafael Nadal. É o maior feito realizado por qualquer tenista, superando o próprio

Federer, com quem até então dividia a posição. Em um belo testemunho, Federer escreveu:

> Ao meu amigo e grande rival, Rafael Nadal, meus sinceros parabéns por se tornar o primeiro homem a ganhar 21 títulos individuais de Grande Slam. Alguns meses atrás, estávamos brincando sobre ambos estarem de muletas. Surpreendente. Nunca subestime um grande campeão. Sua incrível ética de trabalho, dedicação e espírito de luta são uma inspiração para mim e inúmeras outras pessoas ao redor do mundo. Estou orgulhoso de compartilhar esta era com você e honrado em desempenhar um papel em levá-lo a avançar mais. Como você fez por mim nos últimos 18 anos. Tenho certeza de que você tem mais conquistas pela frente, mas por enquanto aproveite esta! (FEDERER, 2022, tradução livre)

Outro marco foi a final da prova de salto em altura da Olimpíada de Tóquio, realizada em 2021, que terminou com o primeiro pódio olímpico conjunto no atletismo desde 1912. Na capital japonesa, dois atletas, Mutaz Essa Barshim, do Catar, e Gianmarco Tamberi, da Itália, preferiram ser ambos vitoriosos a saltar em uma prova de desempate. Dividiram a medalha de ouro em uma cena emocionante e histórica.[14] Competir e cooperar não são ações excludentes. Ao competir, se coopera, e

---

14. Vídeo disponível em: https://ge.globo.com/olimpiadas/noticia/protagonistas-de-ouro-divido-no-salto-em-altura-barshim-e-tamberi-tem-amizade-que-transcende-a-pista.ghtml

ao cooperar, melhora-se a competição. Em outras palavras, a coopeticão se torna instrumento e prática essencial para superarmos a maior e mais bela de todas as competições: a da vida!

DESAPEGO se constitui talvez a mais desafiadora entre todas as palavras-mestras para se colocar em prática como atitude comportamental. Trata-se do desapego em todos os sentidos, seja no contexto material ou imaterial. Não nos referimos aqui à forma como comumente essa palavra é traduzida, qual seja, pelos atos de indiferença, desinteresse ou mesmo desamor. Muito pelo contrário, o real sentido do desapego a que me refiro é o do desprendimento. Ser desapegado significa ter autoconfiança para viver sem vincular-se ao sentido da posse, da dependência, do ilusório. Nada nos pertence, a não ser nossa consciência. Aquilo que temos hoje, amanhã não teremos mais. Tudo em nossa existência é temporário e passageiro, tudo parece real enquanto ali está. Em fração de segundos, real não mais será.

O desapego relaciona-se a agir com equilíbrio à capacidade de renunciar a objetos, situações, ideias e pessoas. Diferentemente do apego, que está relacionado ao medo de perder, e nos leva a guardar, acumular e até mesmo a nos tornarmos prisioneiros de nós mesmos.

O mestre indiano Osho[15] tem um texto chamado *O desapego*, que explica bem como essa relação funciona.

---

15. Bhagwan Shree Rajneesh, ou **Osho**, foi um líder espiritual indiano que viveu entre 1931-1990.

Ele argumenta que todas as nossas misérias e sofrimentos, bem como nossa ignorância e escuridão, são uma estranha combinação de mil e um apegos:

> Estamos apegados a coisas que serão levadas no momento da morte, ou mesmo, talvez, antes. Pode-se estar apegado ao dinheiro, mas pode-se ir à bancarrota amanhã. Pode-se estar apegado ao poder ou posição, mas isso tudo são como bolhas de sabão. Hoje estão aqui; amanhã não deixarão nem um traço... (OSHO)

Romper o paradigma atual implica reconhecer-se, colocar-se no lugar do outro, definir e agir de acordo com propósitos e adotar uma visão holística. Afinal, somos um e somos todos.

> O amor não é uma emoção, é a sua própria existência.
>
> **Rumi**

Ao compreender que a felicidade está em conectar-se consigo próprio, encontrar e deixar brilhar sua luz interior, dar significado à experiência de vida, ter propósitos, servir a si, a todos e a tudo pelo bem do todo, abre-se uma nova possibilidade. E a felicidade ganha nova dimensão: a paz de espírito.

CONSCIÊNCIA

O momento presente nos dá sinais claros de que os modelos políticos, econômicos e sociais se esgotaram e nos convidam a um novo olhar. Talvez seja chegada a hora de aceitar que é necessário aprimorar nosso modo de viver e conviver a partir de uma profunda reflexão que, possivelmente, nos levará a concluir que somos nós, ou cada um de nós, que precisamos acordar.

Acredito que só a transformação individual, que se inicia a partir do autoconhecimento, nos conduzirá ao despertar de uma nova consciência. Interessante notar que essa temática ganha cada dia mais relevância. Insisto em afirmar que se não trouxermos essas questões à mesa, provavelmente colocaremos o amanhã e o próprio mundo em xeque.

Vivenciamos uma época de guerras cotidianas, com disputas por território, fome, intolerância, estresse, falta de saúde mental. Não conseguimos construir um modelo sustentável de desenvolvimento com equidade para preencher, ao menos, o nível básico das necessidades fisiológicas e de segurança de grande parte da população, e que permita viver a vida com dignidade.

Os números apontam retrocessos significativos desde a pandemia de covid-19, com aumento da miséria e da fome, um flagelo que atingiu cerca de 733 milhões de pessoas em 2023, em especial crianças e mulheres. No Brasil, um universo de 125 milhões de pessoas conviveram com algum grau de insegurança alimentar:

leve, moderado ou severo.[16] No auge da crise sanitária, apenas quatro entre dez famílias conseguiam acesso pleno à alimentação.[17]

À luz dessa realidade, a Cúpula de Líderes do G20 lançou, em novembro de 2024, no Rio de Janeiro, a Aliança Global contra a Fome e a Pobreza, com 148 adesões, sendo 82 países, mais a união das nações africanas e europeias, 24 organizações internacionais, 9 instituições financeiras internacionais e 31 organizações filantrópicas e não governamentais.

A Aliança nasce com o objetivo de acelerar esforços para erradicar a fome no mundo, reduzindo as desigualdades a partir de programas de alimentação escolar, melhoria no acesso a microcrédito e ao sistema financeiro, entre outras estratégias.

Ou seja, na terceira década do século XXI, a já dramática situação de miséria se agravou, com milhões de pessoas passando à condição de extrema pobreza em razão da crise sanitária, da recessão econômica, dos conflitos sociais e dos efeitos das mudanças climáticas. Somem-se a esse contingente os milhões de refugiados ao redor do mundo. O propósito de vida dessa legião de

---

16. De acordo com a escala de **insegurança alimentar**, fome é a privação de alimento. Insegurança alimentar moderada é a redução na qualidade ou quantidade de alimentos da dieta ou a incerteza se haverá refeições no dia. Severa é quando o indivíduo fica sem comida por um ou mais dias.

17. Dados do 2º Inquérito Nacional sobre Insegurança Alimentar no Contexto da Pandemia de covid-19 no Brasil, realizado pela Rede Brasileira de Pesquisa em Soberania e Segurança Alimentar e Nutricional (Rede Penssan).

indivíduos não poderia ser outro a não ser a luta diária pela sobrevivência de si e da família. Sobrepujar esse estágio é condição prioritária para nossa evolução como sociedade e como civilização. Portanto, precisaremos expandir nossa consciência visando encontrar o caminho que viabilize uma vida com dignidade e prosperidade para todos. Comida na mesa é pré-condição.

Desigualdade e dignidade

Há muito, o escritor e historiador israelense Yuval Noah Harari aborda a questão de que as máquinas e os algoritmos altamente inteligentes podem fazer quase tudo melhor que os humanos, tornando os trabalhadores redundantes. Em artigo publicado no jornal britânico *The Guardian*, intitulado *The meaning of life in a world without work* [O significado da vida em um mundo sem trabalho], o professor da Universidade Hebraica de Jerusalém reforça a discussão sobre desemprego e a nova classe de pessoas que, segundo ele, deve surgir até 2050: a dos inúteis, ou indivíduos supérfluos.[18] Por não ser empregável em um universo de transformação digital, diz Harari, esse contingente de pessoas necessitará ser alimentado por um sistema de renda básica universal. Começam a surgir adesões de peso a essa ideia. Como o empresário Elon Musk, principal executivo da Tesla,

---

.18. O artigo de Yuval Harari está disponível em: https://www.pensar-contemporaneo.com/yuval-noah-harari-uma-nova-classe-de-pessoas--deve-surgir-ate-2050-a-dos-inuteis/

e homem mais rico do mundo em 2023, que passou a defender a criação de uma renda mínima, à medida que os robôs passem a executar tarefas essencialmente humanas.

Importante iniciativa, mas certamente não suficiente. Será comida o único alimento que falta à mesa de tantos? Saciar a fome bastará? Viver em um mundo dividido entre inúteis e privilegiados é o que verdadeiramente deveríamos aceitar por perspectiva futura para a humanidade? Essa é uma discussão que ganha cada vez mais senso de urgência.

À medida que a convergência de tecnologias como automação, robótica e Inteligência Artificial começar a substituir os humanos em mais e mais funções, a maioria dos empregos tende a desaparecer. Muitas profissões digitais surgirão, mas provavelmente exigirão competências técnicas ou habilidades ligadas à criatividade e à flexibilidade que nem todos possuem. Como endereçar, no presente, essa provável realidade? Como nos preparar e evoluir para alterar esse cenário e transformá-lo em um futuro desejável e próspero para todos?

Não podemos deixar de observar os efeitos devastadores da pandemia de covid-19, ao transformar em abismos as rachaduras que havia em nossa sociedade, levando a temática da desigualdade do status de emergencial para crucial, uma vez que seu custo é pago em vidas humanas. Paradoxalmente, enquanto milhões de pessoas foram empurradas para a pobreza, a fortuna dos indivíduos mais ricos do planeta aumentou.

A discussão sobre sistemas tributários mais justos e progressivos para taxação de grandes fortunas se apresenta como uma das ferramentas para reduzir desigualdades, promover crescimento equilibrado e inclusivo. O tema é tão sensível e urgente que se tornou objeto de compromisso assinado pela Cúpula de Líderes do G20, mobilizando as principais economias do mundo na busca de alternativas para tributar indivíduos com patrimônio líquido elevado.

Na esteira da divulgação de evidências tão pronunciadas de desigualdade, chama a atenção a proposta formulada no encontro virtual de Davos, promovido pelo Fórum Econômico Mundial nos anos de 2022 e 2023, quando um grupo de pouco mais de duas centenas de milionários e bilionários — nenhum deles brasileiro — lançou apelo para pagar mais impostos e fazer sua parte na recuperação global da economia. Enquanto o mundo atravessou imensa carga de sofrimento, a fortuna dos mais ricos cresceu, sem o pagamento da parte "justa" em impostos, conforme eles reconhecem. *"Nos primeiros dois anos da pandemia, os dez homens mais ricos do mundo dobraram sua riqueza, enquanto 99% das pessoas viram sua renda cair"*, afirmaram os signatários da carta aberta, entre os quais Abigail Disney, herdeira do grupo Disney.[19]

---

19. Os detalhes sobre a iniciativa estão disponíveis em: https://noticias.uol.com.br/colunas/jamil-chade/2023/01/18/ricos-pedem-para-pagar-mais-impostos-iniciativa-nao-tem-brasileiros.htm

Eis a íntegra da carta:

> Estamos vivendo em uma era de extremos. Aumento da pobreza e aumento da desigualdade de riqueza; a ascensão do nacionalismo antidemocrático; clima extremo e declínio ecológico; profundas vulnerabilidades em nossos sistemas sociais compartilhados; e a oportunidade cada vez menor para bilhões de pessoas comuns ganharem um salário digno.
>
> Os extremos são insustentáveis, muitas vezes perigosos e raramente tolerados por muito tempo. Então, por que, nesta era de múltiplas crises, continuar tolerando a riqueza extrema?
>
> A história das últimas cinco décadas é uma história de riqueza fluindo para lugar nenhum, exceto para cima. Nos últimos anos, essa tendência se acelerou muito. Nos primeiros dois anos da pandemia, os dez homens mais ricos do mundo dobraram sua riqueza, enquanto 99% das pessoas viram sua renda cair. Bilionários e milionários viram sua riqueza crescer em trilhões de dólares, enquanto o custo de uma vida simples agora está paralisando famílias comuns em todo o mundo.
>
> A solução é simples para todos verem. Vocês, nossos representantes globais, devem tributar a nós, os ultrarricos, e devem começar agora.
>
> A atual falta de ação é gravemente preocupante. Uma reunião da "elite global" em Davos para discutir "Cooperação em um Mundo Fragmentado" é inútil se você não está desafiando a raiz da divisão. Defender a democracia

e construir a cooperação requer ações para construir economias mais justas agora — não é um problema que pode ser deixado para nossos filhos resolverem.

Agora é a hora de enfrentar a riqueza extrema; agora é a hora de tributar os ultrarricos.

Há um limite para o estresse que qualquer sociedade pode suportar, apenas algumas vezes mães e pais assistirão seus filhos passarem fome enquanto os ultrarricos contemplam sua riqueza crescente. O custo da ação é muito mais barato do que o custo da inação — é hora de fazer o trabalho.

Taxe os ultrarricos e faça isso agora. É economia simples e de bom senso. É um investimento no nosso bem comum e num futuro melhor que todos merecemos e, como milionários, queremos fazer esse investimento.

O outro lado dessa moeda é o eficiente emprego dos tributos, que deveria se dar por processos de maior transparência, governança e políticas públicas responsáveis. Assim seria possível dispor desses recursos para agir em benefício da coletividade, empregá-los de forma transparente, assertiva e consciente em nome de todos e no exercício do melhor servir. Em outras palavras, não basta tributar, é preciso que os recursos arrecadados sejam direcionados para prover uma melhor qualidade de vida a todos.

Espero que o que aqui compartilho nos leve a optar por um novo caminho como sociedade. Não estou propondo a igualdade. O que coloco é a necessidade de tornar a desigualdade menos abissal, no sentido de possibilitar, sim, a cada indivíduo e às famílias viverem a vida com dignidade.

O poder do agora

Ao perguntarmos a quem quer que seja, no Oriente ou no Ocidente, em qualquer um dos continentes, o que cada pessoa almeja da vida, na maioria das vezes a resposta será a mesma: ser feliz! Isso não pode ser ignorado, mas precisa ser melhor entendido. Curiosamente, se tomarmos como baliza as palavras do escritor russo Leon Tolstói, para quem "a alegria de fazer o bem é a única felicidade verdadeira", e a correlacionarmos com a equação do servir como caminho para Vir a Ser, isso nos leva a inferir que **servir é o despertar**. Despertar esse que implica estar no presente, o que, como a palavra sugere, já é uma dádiva. É preciso viver pleno no agora. Não ficar preso às angústias do passado nem às ansiedades do futuro, e sim no eterno, em paz.

Aqui cabe citar as lições do livro *O poder do agora*, do escritor Eckhart Tolle,[20] que mostra como o futuro depende das ações que acontecem no instante presente. Passamos a maior parte de nossas vidas vivendo o ilusório e adiando nossas conquistas para

---

20. Nascido na Alemanha, **Eckhart Tolle** era pesquisador da Universidade de Cambridge quando, aos 29 anos, mudou radicalmente de vida. É autor de *Um novo mundo: O despertar de uma nova consciência*. Seu mantra de seis palavras é: "Aqui, no agora, respirar e relaxar".

algum dia distante quando, quem sabe, alcançaremos o que desejamos e seremos, finalmente, felizes. Se quisermos realmente mudar nossas vidas, precisamos começar hoje e agora. Essa é a mensagem simples, mas transformadora do livro, um manual prático para tomar consciência dos pensamentos e emoções que nos impedem de vivenciar a paz e a alegria que habitam em nós.

Muitas vezes perdemos a capacidade de olhar para a beleza da vida, de agradecer pelo simples fato de estarmos vivos e pelo ar que respiramos, mesmo diante de todos os desafios e dificuldades. Precisamos mudar, e isso é uma questão de atitude. Os maiores exemplos na vida estão na esfera daquilo que não é dito, mas transformado em prática. O mais surpreendente é perceber que, ao cuidar de si, cuida-se de toda a comunidade, e vice-versa. Isso é especialmente importante para o mundo que se avizinha, no qual muito possivelmente teremos uma legião de pessoas desocupadas, em busca de um sentido para a vida e o viver, substituídas por algoritmos e tecnologias de automação, IA e robótica.

Precursor da ideia de um mundo sem trabalho, o sociólogo italiano Domenico De Masi, um dos mais renomados estudiosos da sociologia do trabalho e autor de *Ócio criativo*, entre outras obras, revelou, em entrevista à jornalista Darlene Menconi, que seu maior aprendizado durante a crise mais aguda da pandemia de coronavírus foi uma reflexão antecipada por Karl Marx sobre o conceito de felicidade: *"A experiência define como felicíssimo o homem que fez feliz o maior número de outros homens. Se escolhemos na vida uma posição na qual podemos trabalhar melhor pela humanidade, nenhum fardo pode nos dobrar, porque os sacrifícios são para o benefício de todos; então não experimentaremos uma alegria mesquinha, limitada, egoísta, mas nossa felicidade pertencerá a milhões de pessoas, nossas ações viverão silenciosamente, mas para sempre".*

Felizmente o mundo parece dar sinais de que é chegada a hora de uma mudança necessária. Entre os aspectos reveladores encontra-se justamente o incômodo que a questão da desigualdade e da falta de diversidade provocam e o mal-estar social que produzem. Quando se vê uma insatisfação coletiva, mesmo que não consciente, isso é um sinal de mudança.

Felicidade: é possível encontrá-la?

Por inúmeras vezes, felicidade é tratada e entendida como sendo um produto e, portanto, supostamente, está à venda e pode ser comprada, induzindo à ilusão de que quanto mais possuirmos, maior tende a ser a felicidade. Ao mesmo tempo, ficamos sujeitos a "comprar" aquilo que o mercado oferece ou impõe. Porém, quando o indivíduo compreende, aceita e se conscientiza de que a felicidade está em se conectar consigo próprio, encontrar e deixar brilhar sua luz interior, dar significado à experiência de vida, ter propósitos, servir a si, a todos e a tudo pelo bem do todo, abre-se uma nova possibilidade. **A felicidade ganha nova dimensão, a da paz de espírito.**

E como entender essa paz de espírito? Talvez seja vivenciar em paz, com aceitação e serenidade cada momento da vida, sejam quais forem as circunstâncias que se apresentem, buscando aprender com cada desafio e celebrar cada conquista como mais uma experiência vivida. Ao longo de uma existência, haverá momentos de riso e de choro, de conquistas e derrotas, de alegrias e tristezas, de ganhos e perdas, de dor e regozijo, de festa e recolhimento, acertos e erros. Se conseguirmos vivenciar cada um desses momentos em paz, eles serão tão somente experiências que marcam a jornada evolutiva de cada um de nós, e de todos nós. Permitindo transcender o mundo dual no qual nos encontramos.

No Japão imperial do século XIII, o mestre budista Nichiren Daishonin[21] escreveu uma mensagem acalentadora à sua seguidora, que havia perdido um familiar próximo:

> O inverno nunca tarda em se tornar primavera. Sofra o que tiver de sofrer, desfrute o que existe para ser desfrutado. Considere tanto o sofrimento quanto a alegria como fatos da vida.
> (DAISHONIN, século XIII)

---

21. O monge japonês **Nitiren** ou **Nichiren Daishonin** (1222-1282) estabeleceu uma filosofia humanística do budismo cujo objetivo é promover paz e felicidade para a sociedade como um todo.

Terminou a carta com a reflexão de que a iluminação a partir da fé seria o caminho para cada indivíduo buscar seu potencial essencial, sua força inata, fazendo surgir a coragem, a esperança e a convicção.

Felicidade, portanto, seria o ponto de partida e não o de chegada, como nos ensina na era atual o psicoterapeuta Leo Fraiman, autor de *Superação e equilíbrio emocional*, entre outros livros. Segundo ele, a felicidade é responsável por trazer mais disposição, imunidade, longevidade, foco, produtividade, além de capacidade para tomar decisões e exercitar a criatividade. Mais do que ser procurada em algum lugar, em alguém, alguma posse, a felicidade é uma decisão pessoal, uma construção e um estado de aceitação daquilo que é. Leo Fraiman usa como referência um pensamento do escritor irlandês Oscar Wilde (1854-1900): *"Há aqueles que são tão pobres que só possuem dinheiro"*.

Enquanto procuramos a felicidade, esse conceito complexo e fugidio, assim como ocorre com a sombra, ela nos escapa. Quando aceitamos nossa jornada de descoberta, de nossa imperfeição e do processo constante de lapidação pessoal, podemos dizer que estamos no caminho da paz de espírito.

Paz não significa ausência de conflitos, mas navegar para além das tempestades da vida, e escolher as batalhas que se pretende enfrentar. Porque luz e sombra fazem parte de cada indivíduo e é preciso se tornar proprietário do tesouro que nos habita, pedindo para ser lapidado.

Talvez a maior de todas as batalhas seja justamente aquela que travamos conosco mesmos, com nosso ego, porque a humildade é mãe da sabedoria.

Riqueza e felicidade

Incrustado nas montanhas do Himalaia, o pequeno país do Butão se tornou a realidade mais concreta para medir desenvolvimento a partir do bem-estar das pessoas, e da garantia de seus direitos sociais, levando em consideração pilares como educação, saúde, meio ambiente e cultura. Criado como uma forma de indicar o crescimento do país sem considerar apenas o aspecto econômico, o Índice Nacional de Felicidade da nação sul-asiática foi apelidado de FIB, ou Felicidade Interna Bruta, em contraposição ao conceito já mencionado de produção de riqueza medido pelo PIB, que, assim como o Índice de Desenvolvimento Humano (IDH), são indicadores para avaliar e classificar o desenvolvimento socioeconômico das nações.

A Felicidade Interna Bruta integra, em um único cálculo, o desenvolvimento material, espiritual e cultural do Butão, baseando-se em nove variáveis. Ao valorizar não apenas os aspectos econômicos, mas também conservação ambiental e qualidade de vida da população, bem-estar psicológico, saúde, educação e cultura como quesitos importantes para representar o desenvolvimento nacional, a experiência do Butão aponta para uma nova perspectiva viável e possível.

Não parece fazer sentido associar desenvolvimento exclusivamente a crescimento e aumento do consumo material. Isso começa a ser tema de debate também nos meios acadêmicos. Alguns institutos de pesquisa formularam seus próprios índices para tentar aferir o nível de bem-estar da população. Entre eles está o Estudo Global de Felicidade,[22] no qual o instituto de pesquisas Ipsos avalia o nível de satisfação da população em 28 países do globo. No Brasil, o levantamento FGV Social,[23] da Fundação Getulio Vargas, calcula a felicidade subjetiva da população com base em indicadores objetivos de bem-estar social, levando em consideração não só o crescimento de renda das pessoas, mas também sua distribuição.

Princípios como espiritualidade, afetividade e satisfação com a vida passaram a ser considerados aspectos importantes para a população e, por consequência, para as políticas públicas. A precursora desse movimento foi a escritora e futurista Hazel Henderson,[24] uma das primei-

---

22. Global Happiness Study – What makes people happy around the world, Ipsos. Disponível em: https://www.ipsos.com/en/global-happiness-2024

23. Vale conferir a pesquisa FGV Social disponível em: https://youtu.be/DR1yXlAqbWI

24. Ambientalista desde os anos 1960, **Hazel Henderson** (1933-2022) escreveu os livros *Transcendendo a economia*, *Construindo um mundo onde todos ganhem*, *Além da globalização*, *Cidadania planetária*, entre outros. Criou a série de TV *Ethical Markets*, voltada para questões de investimento ético, responsabilidade social corporativa e sustentabilidade. A versão brasileira, a plataforma "Mercado Ético", foi liderada pela publicitária **Christina Carvalho Pinto**.

ras a questionar o uso do PIB para mensurar qualidade de vida em sociedades complexas e em rápida reestruturação.

Hazel foi a grande voz da "Economia do Amor", que inclui todo o tipo de trabalho não remunerado, como cuidado com os filhos e o lar, atendimento a idosos e doentes, ações voluntárias, atividades de conservação ambiental e administração dos recursos naturais, que não entram na contabilidade oficial das nações. Vem de 2007 sua iniciativa, em parceria com um grupo de fundos socialmente responsáveis, de criar os Indicadores Calvert-Henderson de Qualidade de Vida. O cálculo se baseia em doze aspectos que contam uma história bem mais realista dos Estados Unidos. São eles: educação, energia, emprego, ambiente, saúde, direitos humanos, receita e sua distribuição, infraestrutura, segurança nacional, segurança pública, lazer e moradia.

Outras vozes

A discussão sobre os critérios para avaliar desenvolvimento ganhou adesões importantes desde então. Ao ver um economista como André Lara Resende, doutor em Economia pelo Instituto de Tecnologia de Massachusetts (MIT) e um dos idealizadores do Plano Real, escrever que o caminho talvez seja deixar de incentivar a produção automobilística e falar em melhoria da qualidade de vida, e sobre a importância do transporte de massa de qualidade para a população, isso representa sinal de mudança.

Quando você vê um economista como Eduardo Giannetti da Fonseca, PhD pela Universidade de Cambridge, propondo a relevância da felicidade, tema de seu livro, e os convites à reflexão que ele nos traz, isso também é sinal de mudança. Giannetti é uma das vozes a defender que o culto ao PIB, a produção da riqueza medida pelo Produto Interno Bruto como indicador de sucesso ou fracasso das nações, virou o mantra de nosso tempo. Ele cita como exemplo hipotético um país ou uma comunidade com fornecimento gratuito de água potável, recurso que, assim como o ar que respiramos, não entra no sistema de preços, nem faz parte da contabilidade da produção de riqueza e cálculo do PIB. Na eventualidade de haver contaminação das fontes de água dessa comunidade, os cidadãos passariam a trabalhar mais para comprar água, que precisaria ser purificada, engarrafada e distribuída. O resultado seria empobrecimento e degradação da qualidade de vida da população e, em contrapartida, aumento do PIB.[25]

Nome de peso internacional, o economista americano Jeffrey Sachs, diretor do centro de sustentabilidade da Universidade de Columbia, faz uma análise ainda mais certeira ao defender que o PIB mensura a renda de uma economia, mas não diz nada sobre sua distribuição. Menos ainda sobre qualidade de vida, percepção das pessoas a respeito de justiça ou injustiça, vulnerabilidade financeira, confiança no governo e nas instituições. De

---

25. A entrevista completa de **Giannetti** está disponível em: https://youtu.be/338yXuTPtmo

acordo com Sachs, que foi consultor das Nações Unidas e duas vezes listado entre os cem líderes mundiais mais influentes da revista *Time*, crescimento econômico sem justiça e sem sustentabilidade ambiental é uma receita certa para a desordem, não para o bem-estar.

Essas não são vozes isoladas. Outros teóricos fazem coro na mesma direção. Professor emérito de Economia na London School of Economics, Richard Layard, é uma espécie de guru do argumento de que o principal objetivo das políticas públicas, especialmente na área econômica, deveria ser o aumento da felicidade e do bem-estar, não a elevação do PIB.

Em seu livro *Can We Be Happier? Evidence and Ethics* [Podemos ser felizes? Evidência e ética], Layard elenca oito fatores que podem impactar a felicidade das pessoas. O aumento da renda aparece em quinto lugar. Em ordem crescente, mais importante é ter um parceiro afetivo, saúde física satisfatória, trabalho de boa qualidade e, principalmente, saúde mental. Surgem cada vez mais evidências de que a felicidade autêntica é um estado de ser, um profundo equilíbrio emocional decorrente, dentre outros fatores, da sutil compreensão sobre o funcionamento da mente. É saber quem se é.

Significa que a felicidade é uma habilidade que pode ser cultivada, o que requer esforço, paciência, tempo e energia. Isso também nos traz o senso de responsabilidade a respeito de nossa parcela na construção do sentido de nosso bem-estar. Em outras palavras, precisamos desenvolver a capacidade que nos permita buscar viver em paz, em paz de espírito.

Mudanças duradouras requerem esforço e comprometimento todos os dias de nossas vidas. A mudança verdadeira, no entanto, só vem com a transformação interior. Felizmente estamos vendo que pensadores, educadores, empresários, executivos e políticos trazem o debate sobre a importância de colocar o ser humano no centro das decisões. Essa transformação se inicia no campo pessoal, e naturalmente evoluirá para as empresas e as organizações, lembrando que todas elas são formadas por pessoas e, portanto, têm alma.

Cada vez mais, e que bom, vemos mais gente buscando sentido em seu trabalho, procurando organizações que atendam a seus valores, e considerando sucesso sob a perspectiva de seu propósito de vida, não apenas do retorno financeiro. Para sair das amarras do sistema vigente, do ilusório, as novas gerações exercerão papel fundamental. Precisamos trabalhar por uma nova dinâmica das relações sociais, econômicas, políticas, ambientais e culturais, que se encontram esgarçadas pelo *modus vivendi* atual.

Autoeducação: a disciplina que nos falta

A educação se apresenta como um caminho para desenvolver a formação integral dos indivíduos, levando em conta não apenas sua inteligência mental, mas também aspectos sociais e emocionais, construindo um relacionamento sadio com seu interior, com o ambiente e a comunidade onde se vive. Assim se pode potencializar a educação para a sociedade, respeitar as individualidades e ajudar cada qual a desenvolver seu potencial. Ou seja, a educação não seria uma simples transmissão de conhecimento curricular, mas uma forma de ajudar cada um a encontrar seus talentos, desenvolver habilidades e seguir em busca de seus sonhos.

A formação holística e integral do ser humano facilita o processo de acionar recursos internos, construir resiliência e enfrentar situações difíceis quando elas surgem. Indivíduos que vivem em estado de harmonia e bem-estar com o ambiente e consigo mesmos possuem maior capacidade de desenvolver resistência a situações de estresse. Portanto, dar atenção ao significado dos relacionamentos sociais e à capacidade de adaptação são atitudes cruciais para uma vida sadia, estável e feliz.

De outra parte, fica cada vez mais evidente que saúde não é apenas ausência de doenças, mas a soma de quatro fatores: equilíbrio mental e emocional; bem-estar físico; bem-estar socioeconômico e espiritualidade. Nada disso é novidade, aliás. Desde 1988 a Organização Mundial de Saúde (OMS) inclui a dimensão espiritual no conceito de saúde integral, tratando de questões como significado, propósito e sentido da vida como essenciais ao bem-estar físico, emocional e espiritual, sem qualquer menção à crença ou prática religiosa.

Esse novo caminho que se apresenta vai demandar profundas reformulações, em especial na política educacional. A educação, e principalmente a autoeducação, faz parte de uma etapa fundamental nesse processo em benefício de um futuro mais próspero para todos. A busca do conhecimento interior é tão fundamental, e tão necessária, quanto o aprendizado ligado às disciplinas curriculares tradicionais. À medida que o estado de consciência se transforma, tudo pode ser reformatado. A começar pelas crianças e jovens, que são nosso maior investimento como sociedade.

Imagine a escola que, além das questões de natureza técnica e curricular, também valorizasse matérias pertinentes ao ser humano, incentivando cada aluno a se conectar consigo próprio, a se reconhecer, a ter consciência daquilo que somos como espécie. Uma instituição que ensinasse a valorizar a si e ao outro. O sistema de ensino cumpriria assim seu potencial transformador, oferecendo às crianças e aos jovens a oportunidade de entender que pode haver um propósito maior em tudo o que se faz. Isso facilitaria, na vida adulta, a construção de processos e relações que permitam encarar, respeitar e valorizar, mesmo que de modo diferente, as questões relativas a objetivos pessoais, resultados profissionais e, por que não, o sentido da própria vida.

Vale salientar que processos transformacionais muitas vezes pressupõem rupturas e se estabelecem por dois possíveis caminhos: o da dor, no qual ocorre uma revolução em reação e resposta a uma situação insustentável; ou o caminho do amor, que pode até parecer ser difícil e mais longo, mas certamente é o mais eficaz.

Autoconhecimento: o chamado da alma

O problema é que os modelos econômicos vigentes têm ofuscado o desenvolvimento das pessoas. Essa afirmação vem de uma das mais destacadas especialistas em ferramentas de análise comportamental, a psicóloga Adriana Fellipelli, CEO da Fellipelli Consultoria Empresarial, com mais de trinta anos de experiência em desenvolvimento pessoal. Em seu livro *Autoconhecimento para um mundo melhor: Reflexões sobre Liderança, desenvolvimento humano e capitalismo consciente*, ela avalia diversos instrumentos de diagnóstico psicológico, além de métodos baseados em neurociência, práticas de meditação e rituais de povos tradicionais para aprofundar o conhecimento sobre nossos sistemas de crenças. Adriana explica que as mudanças sempre moveram o planeta, mas na era caótica em que vivemos, elas são tão velozes que fazem as pessoas se sentirem trituradas. Para ela, muitos indivíduos estão desconectados de si mesmos, vivendo como uma espécie de zumbis existenciais.

Segundo Adriana, o conceito de autoconhecimento se dá em duas frentes complementares. A primeira é a descoberta da própria identidade, que se faz ao reconhecer o estilo de personalidade e ao explorar a complexa rede de componentes concentrados em uma entidade psicológica chamada *self* (o si-mesmo). A segunda frente se dá a partir daí, com a edificação do *opus* humano, ou seja, a obra que, individual ou coletivamente, podemos realizar ou influenciar.

Parte de sua inspiração vem do pensamento do psiquiatra Claudio Naranjo (1932-2019), que estabeleceu uma união indissociável entre desenvolvimento pessoal, crescimento espiritual e emocional. Naranjo descreveu o ser humano como portador não de um, mas de "três cérebros": um na cabeça, que ele chamou de intelectual; outro no coração, com a função de regulador emocional, e o terceiro, localizado no intestino, que ele batizou de visceral ou instintivo.

Ao longo de muitos anos de civilização ocidental, teria prevalecido o aspecto racional e intelectual ("o cérebro da cabeça"). A hegemonia da razão sobre o afeto e os instintos, no entanto, vem sendo cada vez mais questionada. Abre-se com isso um espaço para a valorização da inteligência emocional. Autoconhecimento, no final das contas, é a capacidade de conhecer nosso mundo interno olhando para a jornada pessoal, a trajetória profissional, e identificando fortalezas, pontos de melhoria, competências a desenvolver ou habilidades a delegar.

As várias inteligências e os corpos que habitamos

O que evidências acadêmicas e científicas mostraram ao longo do tempo é que os seres humanos dispõem de graus variados de capacidades cognitivas. No início dos anos 1980, o psicólogo americano e professor da

Universidade de Harvard Howard Gardner fez estremecer a educação tradicional com o conceito de múltiplas inteligências, demonstrando que inteligência não pode ser medida por testes de raciocínio lógico-matemático apenas.[26] Outros tipos de talentos são importantes. Com isso caiu por terra a crença de que alguém inteligente em determinado aspecto da vida será assim em tudo. Da mesma forma, as pessoas medianas também não serão medianas em tudo aquilo que fizerem.

Para valorizar nossas múltiplas inteligências, o próprio Howard Gardner estabelece dois pilares básicos de aprendizagem. O primeiro é a individualização, ou seja, os educadores precisam conhecer cada aluno para ensinar da maneira que melhor poderão aprender. O segundo é a pluralização, que é ensinar aquilo que é importante de várias maneiras, com histórias, debates, jogos, filmes, textos, diagramas ou exercícios práticos.

Em meados da década de 1990, foi a vez do psicólogo americano Daniel Goleman apresentar um conceito importante: o Quociente Emocional (QE) ou Inteligência Emocional, que confere ao ser humano capacidade para reconhecer seus sentimentos, lidar com as emoções e compreender as motivações alheias para criar relações mais saudáveis e empáticas.[27] No livro *Inteligência Emo-*

---

26. **Howard Gardner** elaborou a teoria das inteligências múltiplas. São elas: 1. lógico-matemática; 2. espacial-visual; 3. verbo-linguística; 4. interpessoal; 5. intrapessoal; 6. naturalista; 7. corporal-cinestésica; 8. musical; 9. existencialista.

27. Uma reflexão sobre Inteligência Emocional segundo Daniel Goleman está disponível em: www.psicologia-online.com

cional: A teoria revolucionária que redefine o que é ser inteligente, de 1995, Goleman tratou da relevância de compreender as emoções e como elas afetam pensamentos e comportamentos. E abordou o papel que a inteligência emocional desempenha para a saúde mental, atuando como um remédio para o mal-estar instalado nas sociedades. Goleman deixa como ensinamento a perspectiva de que o QE pode ser cultivado com prática e aprendizado.

O movimento para conceber os processos cognitivos, abstratos e intelectuais que orquestram nossa mente só cresceu desde então. Fica cada vez mais evidente que assim como temos a possibilidade de desenvolver musculatura física, as outras dimensões de nossos corpos precisam ser desenvolvidas e ampliadas para que haja maior interatividade entre elas. A busca permanente pela interação e harmonia entre nossos vários corpos, o físico, o mental/emocional e o espiritual, é fundamental para evoluir nesse processo. Curiosamente, o desenvolvimento da dimensão espiritual se apresenta como o mais atrasado em nossa sociedade e ele é primordial para que os valores humanistas sejam efetivamente empregados na solução das questões políticas, econômicas e sociais de nosso tempo.

Afinal, o que é viver senão a busca pela harmonização dos nossos corpos físico, mental/emocional e espiritual? É disso que se trata e compreender isso faz toda diferença. O sentido de pertencimento também amplia nossa percepção de que somos interligados e interdependentes em um grande círculo de relações.

Assim como o Quociente Emocional, o conceito da dimensão espiritual também não é novo. O livro *QS*, sobre Inteligência Espiritual, da física e filósofa Danah Zohar, do Instituto de Tecnologia de Massachusetts (MIT), em parceria com o psiquiatra Ian Marshal, foi lançado em 2000! Muitas vozes consideram essa obra como uma das pioneiras em promover a aceitação da espiritualidade como uma competência a ser trabalhada e desenvolvida.

Segundo Danah, a inteligência espiritual está ligada à nossa necessidade de ter um propósito de vida, que serve para desenvolver valores éticos e crenças para nortear nossas ações em sociedade. Trata-se da inteligência que nos impulsiona, transforma nossa vida, deixando-a mais rica e cheia de significado.

Encontrar esse sentido amplo, para além da sobrevivência, é uma necessidade presente no pensamento filosófico. E nos leva a compreender o "sentido de pertencer", que é ampliar a percepção de que somos todos interligados e interdependentes nesse grande círculo de relações em que vivemos, abarcando também nossa casa, o planeta.

Baseado e sustentado em pesquisas científicas realizadas ao longo de uma década nas áreas de neurologia, neuropsicologia e neurolinguística, o livro de Danah Zohar mostra que o QS (ou Inteligência Espiritual) é a base para o QI (Quociente Intelectual) e o QE (Quociente Emocional) operarem em conjunto, de modo eficiente.

Espiritual vem do latim *spiritualis*, daquilo que é próprio à respiração, relativo ao espírito humano, portanto é o que dá vida a um sistema. Encontrar um significado, um propósito maior pelo qual viver nos leva a questionar nossas ações e a buscar uma maneira melhor de executá-las.

É a nossa inteligência espiritual, em maior ou menor grau, que nos faz sair em busca da autoconsciência, nos auxilia a desenvolver as qualidades humanistas e a exercitar as palavras-mestras. É o que nos leva a acreditar nas pessoas, e nos dá capacidade para lidar com as adversidades, indo além de nossos interesses pessoais ao compartilhar ideias.

Desenvolver a espiritualidade é usar nossa inteligência espiritual para transformar o mundo em um lugar melhor, agindo com base em motivações mais elevadas. É tomar atitudes a partir daquilo que temos de melhor, a capacidade de reconhecer nos outros a nossa própria humanidade, aceitando a diversidade e nos movimentando para o bem comum. A inteligência espiritual se incorpora à inteligência racional e emocional para transcendê-las, para melhorar nosso desenvolvimento e nossa conexão conosco e com os outros.

A jornada do herói: do folclore à religião

A mitologia e as religiões também nos auxiliam na busca do autoconhecimento e do contato com nossa própria jornada. Um dos mais célebres conhecedores de mitologia, o americano Joseph Campbell[28] se especializou em decifrar, compreender e analisar o poder de relatos mitológicos e religiosos como fontes de iluminação para nossas vidas pessoais.

Segundo ele, personagens religiosos e mitológicos simbolizam uma realidade interior presente em cada um de nós. E essa visão nos convida a uma mudança radical na forma de encarar não apenas as histórias, mas, acima de tudo, o mundo e a nós mesmos. Seu livro *O herói de mil faces* serviu de inspiração para o diretor George Lucas criar a série de aventuras espaciais *Guerra nas Estrelas* (*Star Wars*).

Campbell mostra que religiões, mitologias, contos de fada e o folclore universal representam protagonistas e histórias que se repetem, identificando temas universais e arquétipos. A figura central é a do herói que, após um

---

28. **Joseph Campbell** concedeu uma bela entrevista ao jornalista Bill Moyers no rancho Skywalker, do diretor George Lucas. O resultado é a série "O Poder do Mito", disponível em:
Parte 1: https://www.starwars.com/news/mythic-discovery-within-the-inner-reaches-of-outer-space-joseph-campbell-meets-george-lucas-part-1
Parte 2: http://www.starwars.com/news/mythic-discovery-within-the-inner-reaches-of-outer-space-joseph-campbell-meets-george-lucas-part-2
Vídeo: https://billmoyers.com/content/moyers-campbell-on-star-wars-mythological-influences

início mais ou menos pacífico, é acometido de algum tipo de tragédia e chamado à aventura, de onde retorna transformado, trazendo bênçãos ao mundo.

A jornada do herói não se resume ao bem superar o mal, senão que bem e mal sejam transpostos e transformados. O herói que transcende as dualidades abre espaço para o perdão ao reconhecer o mal em si mesmo e ir além. Precisamos vivenciar a jornada de Luke Skywalker, o herói da série de filmes *Guerra nas Estrelas*, para que cada um possa percorrer o caminho de encontrar e fazer brilhar sua luz interior.

Então me pergunto: por que não sonhar com um novo mundo no qual seja possível vivenciar e experimentar o **servir** como o caminho e o **amor** como a energia que tudo move? Onde o **ser humano** faça a diferença. Um mundo no qual o que ganha forma e expressão é: **Sejamos para Fazer!**

A transformação individual a partir do autoconhecimento nos conduzirá ao despertar da luz de uma nova consciência na direção de um mundo mais sustentável.

> A consciência é a última e mais tardia evolução da vida orgânica e, por conseguinte, o que nela existe de menos acabado e de mais frágil.
>
> **Friedrich Nietzsche**

O modelo atual de produção e consumo resultou em degradação ambiental e aumento da desigualdade. Felizmente, há sinais de uma mudança de postura e maturidade mobilizando a sociedade, os governos e as organizações. A assimilação das dimensões socioambientais e de governança como vetor de investimentos é um termômetro dessa mudança.

O DESPERTAR

O processo de transformação do qual falamos certamente levará tempo, talvez gerações, e dependerá muito das lideranças que assumirem e incorporarem o **servir** como caminho a ser seguido e perseguido, possibilitando que o individualismo egoico dê lugar à prosperidade coletiva.

Não podemos ignorar que o modelo de produção e consumo praticado nas últimas décadas trouxe aumento significativo na degradação dos recursos naturais, nos níveis de poluição e resultou em pronunciada desigualdade social.

Já faz tempo que a humanidade extrapola os limites da natureza. Para manter os padrões de vida atuais, consumimos os recursos equivalentes a um planeta e meio, ou 50% além da capacidade de regeneração biofísica da Terra. Esse cálculo está longe de ser aleatório. Para medir o efeito de cada atividade sobre os recursos naturais, surgiu na década de 1990 o conceito de pegada ecológica, que fornece uma régua para saber como interferimos no meio ambiente e o que precisa ser ajustado para alcançar o equilíbrio.

Calculada em hectares globais, a pegada considera a emissão de gases de efeito estufa, de poluentes no ar, na água e no solo e mostra como indivíduos, organizações, cidades e países dispõem dos recursos naturais para manter seus hábitos de consumo e estilos de vida. Para calcular sua pegada ecológica basta consultar a cartilha do Instituto Nacional de Pesquisas Espaciais (Inpe).[29]

---

29. O cálculo da **pegada ecológica** está disponível em: https://issuu.com/magnostudio/docs/pegada-ecologica

As mudanças promovidas pelas ações humanas são tantas que começam a moldar uma nova era geológica, o Antropoceno, do grego *ánthropos*, que significa homem, e se caracteriza por um período de mudanças climáticas, colapso de ecossistemas, aumento da temperatura global e ameaça concreta à nossa própria existência.

Felizmente, como já mencionado, há sinais de que está em curso uma mudança de postura, um ganho de maturidade e consciência no mundo todo, mobilizando sociedade, governos, organizações. A assimilação do conceito de sustentabilidade como vetor de investimentos é um dos termômetros principais dessa mudança.

Esse movimento teve seus primórdios na cúpula ambiental de Estocolmo, em 1972. Somente em 1987 o desenvolvimento sustentável ganhou definição oficial, como o processo que "satisfaz as necessidades presentes sem comprometer a capacidade das gerações futuras de suprir suas próprias necessidades". Esse novo olhar para o desenvolvimento foi apresentado no documento *Nosso Futuro Comum*, ou *Relatório Brundtland*, em referência a Gro Harlem Brundtland,[30] na época primeira-ministra da Noruega, e presidente da Comissão Mundial sobre Meio Ambiente e Desenvolvimento.

Aos poucos, os discursos sobre desenvolvimento sustentável começam a ganhar ação e a sair do papel. Na agenda dos negócios, a mudança fica evidente nas três dimensões utilizadas pelo mercado na avaliação de

---

30. A entrevista de **Gro Brundtland** ao programa Roda Viva, da TV Cultura, está disponível em: https://youtu.be/4-oxm_ddCrc

um investimento pela perspectiva da métrica ESG, sigla em inglês para meio ambiente, sociedade e governança, ou ASG, em português. É o início de um movimento e um novo olhar por parte tanto dos dirigentes das organizações quanto dos investidores.

É cada vez mais evidente que as empresas de todos os tamanhos e áreas de atuação em breve terão de mensurar, analisar e reportar informações sobre sua atuação em prol da sustentabilidade e do impacto que provocam na sociedade e no meio ambiente. Já o fazem de alguma forma e a tendência é de esse processo aumentar.

As pressões ambientais, sociais e políticas ajudam a atualizar as práticas de transparência e governança corporativa. E refletem mudanças na forma como as pessoas querem viver, trabalhar e investir, desempenhando papel estratégico no funcionamento da economia, e, por óbvio, no futuro das empresas.

Stephen Dover, estrategista chefe de mercado e principal responsável pelo Investment Institute na Franklin Templeton, uma das maiores companhias de *asset management* do mundo, com mais de US$ 1,5 trilhão em recursos administrados, e com quem tive a oportunidade de trabalhar no final da década de 1990, escreveu um ótimo artigo no qual cita uma pesquisa[31] em que quatro de cada cinco investidores globais indicam o risco ESG como fator importante na tomada de decisão

---

31. Levantamento da consultoria PricewaterhouseCoopers em que 79% dos CEOs consideram as dimensões socioambientais e de governança (ESG) sob a perspectiva de risco.

para seus investimentos. Dover sustenta que a voz das gerações mais jovens está reverberando no mercado de capitais, exigindo mudanças nas práticas de contratação, no controle das pegadas de carbono e no envolvimento dos negócios com a comunidade.

Uma visão consciente do capitalismo

O movimento de adesão a aplicações financeiras ambientalmente responsáveis não é de hoje. No cargo de Secretário-geral da Organização das Nações Unidas (ONU), Kofi Annan, reuniu especialistas da indústria de investimentos, organizações privadas e sociedade civil para desenvolver os Princípios de Investimento Responsável, ou PRI, na sigla em inglês. O conjunto de recomendações voluntárias foi apresentado em 2006, incorporando a dimensão ética e a responsabilidade socioambiental como critérios preventivos para a gestão de danos e riscos, que se somam às métricas tradicionais para análise de projetos, empréstimos ou investimentos.

Em outras palavras, os investidores profissionais e institucionais notaram que a ampliação do foco em negócios éticos, transparentes, com desenvolvimento humano, visão de longo prazo e preservação ambiental era igualmente necessária para a realização de suas atividades principais.

Ao longo do tempo, ganhou força uma visão do capitalismo na qual as organizações passam a trabalhar seu propósito e a visar resultados a partir da relação com todas as partes envolvidas, seja com o meio ambiente, os consumidores, investidores, colaboradores, fornecedores, seja com a comunidade onde está o negócio, com o bairro ou a sociedade do entorno.

Uma das inspirações nessa direção veio do movimento baseado em estudo do indiano Raj Sisodia, professor na Escola de Negócios Babson College, nos Estados Unidos, que deu origem ao conceito de capitalismo consciente. Possuir uma cultura consciente significa evoluir a partir do compromisso com quatro pilares: 1. ter um propósito maior; 2. valorizar a dependência mútua e a integração entre os *stakeholders*; 3. ter uma liderança consciente; e, principalmente, 4. uma gestão consciente.

Como propósito maior, entende-se a razão de existência da empresa, sua capacidade de criar engajamento com públicos interessados, possibilitar inovação, criatividade e reconhecer que cada um dos envolvidos é importante e está conectado à organização, formando uma rede capaz de criar valor para a sociedade e para o mundo. Importante ressaltar que o propósito também evolui e por isso precisa ser atualizado com certa frequência para manter-se relevante a todos os envolvidos.

O segundo pilar fundamental do capitalismo consciente diz respeito à ideia de interdependência e ao reconhecimento de que na natureza tudo está conectado. Assim deve ser também no empreendedorismo. Se o fornecedor falir, o negócio será impactado.

Se os colaboradores pedirem demissão, perde-se o potencial do negócio. Significa que precisamos assegurar que todos percebam valor, inclusive o meio ambiente.

Não funciona mais a ideia de compensar um negativo com mais positivo. Está desatualizada, portanto, a era da supremacia do acionista, fundamentada na máxima de Milton Friedman (1912-2006), um dos maiores defensores do liberalismo na economia, de que *"o único propósito de uma empresa é gerar lucro para os acionistas"*. Não gerar lucro, porém, é uma irresponsabilidade social. Um empreendimento que não lucra coloca em risco sua capacidade de pagar salários, fornecedores, impostos, realizar investimentos e, com isso, compromete seu futuro.

Liderança inspiradora

À medida que a pressão sobre os desafios humanos se eleva, aumenta também a esperança de uma mudança de consciência para redirecionar prioridades. Para colocar em prática essa nova consciência é essencial uma liderança que cuide e eis aí o terceiro pilar do capitalismo consciente.

O líder ideal zela por suas equipes que, por sua vez, vão cuidar de clientes, fornecedores, comunidades do entorno, do meio ambiente e, por consequência, dos resultados financeiros.

Na obra *Líderes comem por último*, o escritor e palestrante britânico Simon Sinek define liderança como um serviço que, como já tivemos a oportunidade de ver, significa aquele que pratica o servir. E considera como principal requisito de um líder a coragem para proteger seu time. Quando se sentem seguras, as pessoas transmitem segurança para colegas e consumidores. E isso, mais uma vez, é bom para os negócios.

Líderes verdadeiramente humanos são essenciais para levar adiante o capitalismo consciente e o conceito de sustentabilidade. Chefes, gerentes, administradores, supervisores precisam criar ambientes nos quais as equipes se sintam seguras, inspiradas a compartilhar seus dons, seus talentos, suas diferenças, e a serem ouvidas.

O que se requer dos líderes é que sejam capazes de cuidar das pessoas como se fossem sua família. Começa com praticar a escuta verdadeira, ouvir com o coração, e termina em celebrar a bondade nos outros, promovendo um senso de esperança no futuro, e afastando a doença do individualismo e do interesse próprio.

O quarto pilar do capitalismo consciente, portanto, está na gestão, na cultura responsável, que se traduz no comportamento coletivo de funcionários, clientes, fornecedores e comunidades do entorno para fortalecer valores e o propósito evolutivo da organização, criando uma força favorável com potencial para gerar valor extraordinário no médio e no longo prazo.

No Brasil, um dos pioneiros desse movimento é Thomas Eckshmidt,[32] que liderou o Instituto Capitalismo Consciente, organização fundada em 2013 para ajudar empreendedores a transformar o jeito de fazer investimentos e negócios no Brasil com a intenção de reduzir a desigualdade, estimular a educação e equilibrar os resultados financeiros com a sustentabilidade.

Atualmente responsável pela Conscious Business Journey (CBJ), ele capacita consultores para acelerar o processo de transformação organizacional. Em coautoria com Raj Sisodia, no livro *Conscious Capitalism Field Guide* [Capitalismo Consciente — guia prático], publicado por Harvard, Thomas argumenta que empresas que praticam a filosofia do capitalismo consciente alcançam resultados financeiros até dez vezes superiores ao desempenho médio da bolsa de valores (S&P 500), quando avaliado seu desempenho no período de quinze a vinte anos.

Ele cita o exemplo do CEO da Unilever, Paul Polman, que relata no livro *Impacto positivo* o trabalho de reavaliação das práticas da empresa para reduzir seu impacto ambiental negativo, fortalecendo a ideia de que as empresas deveriam ser regeneradoras do meio ambiente.

Thomas traz um quinto fundamento basilar para a discussão do capitalismo consciente, conectando todos os demais pilares: a geração de valor não

---

32. A apresentação de **Thomas Eckschmidt** no TEDx sobre Capitalismo Consciente está disponível em: https://www.youtube.com/watch?v=_UlZoxQuIzQ

financeiro. O melhor exemplo está na Agenda 2030 e seus 17 Objetivos de Desenvolvimento Sustentável (ODS). Esse compromisso, firmado em 2015 pelos países-membro das Nações Unidas, oferece um plano de ação global para acabar com a pobreza e a fome, proteger o meio ambiente e o clima e garantir que as pessoas desfrutem de vida saudável, saúde e educação de qualidade, igualdade, paz e prosperidade em todos os lugares do mundo.

Com indicadores, boas práticas, prazos e 169 metas específicas mensuráveis para executar até a data limite de 2030, os ODS representam o mais importante pacto firmado pela humanidade desde a Declaração Universal dos Direitos Humanos de 1948, e servem de baliza para orientar iniciativas em prol de um mundo sustentável. Além dos 17 Objetivos de Desenvolvimento Sustentável, Thomas Eckshmidt defende a inclusão do ODS Zero: o da consciência.

OBJETIVOS DE DESENVOLVIMENTO SUSTENTÁVEL (ODS) DAS NAÇÕES UNIDAS

1 Erradicar a pobreza	2 Acabar com a fome	3 Vida saudável	4 Educação de qualidade
5 Igualdade de gênero	6 Água e saneamento	7 Energias renováveis	8 Trabalho digno e crescimento econômico
9 Inovação e infraestruturas	10 Reduzir as desigualdades	11 Cidades e comunidades sustentáveis	12 Produção e consumo sustentáveis
13 Combater as alterações climáticas	14 Oceanos, mares e recursos marinhos	15 Ecossistemas terrestres e biodiversidade	16 Paz e justiça

17 Parcerias para o desenvolvimento

Uma receita alternativa para a economia

A consciência permite a evolução para pensamentos e filosofias mais completas, como a Economia Donut, desenvolvida pela economista britânica Kate Raworth,[33] da Universidade de Oxford, cuja ideia central está em satisfazer as necessidades humanas e respeitar os limites do planeta, buscando um pensamento circular, que coloque as pessoas como corresponsáveis pelos processos que afetam a vida e o meio ambiente. O ponto de partida está em mudar o objetivo de crescimento infinito do PIB para a prosperidade, reconhecendo que a economia está inserida e depende da sociedade global e do mundo vivo. A Economia Donut admite que o crescimento pode ser uma fase saudável da vida, mas nada cresce para sempre. "As coisas que têm sucesso o fazem crescendo até o momento de atingir sua maturidade e prosperar", explica Kate. Em essência, sua proposta está centrada em uma pergunta: como tornar as pessoas prósperas, em um lugar próspero, respeitando o bem-estar de todas as pessoas e a saúde de todo o planeta?

Essa proposta de equilíbrio se desenha com um gráfico em formato de rosquinha, de onde surgiu a denominação Economia Donut, um modelo que pode ser adotado por cidades, países, empresas e pessoas. A base teórica foi publicada pela primeira vez como relatório para a Oxfam, em 2012, e cinco anos depois lançada no

---

33. A apresentação de **Kate Raworth** no TED está disponível em: https://youtu.be/Rhcrbcg8HBw

livro *Economia Donut: 7 maneiras de pensar como um economista do século XXI*. Desde então, o movimento ganhou força e adesão internacional, do Papa à Assembleia Geral da ONU.

O Donut consiste em dois anéis concêntricos. O anel interno concentra o mínimo necessário para uma boa vida, que envolve desde atender às necessidades básicas, como alimentos e água potável, até aspectos sociais, como níveis satisfatórios de moradia, educação, saúde, igualdade de gênero, saneamento, energia, renda e participação política. A base social do Donut deriva das prioridades elencadas nos ODS da ONU, estabelecendo o padrão mínimo de vida ao qual todo ser humano tem direito.

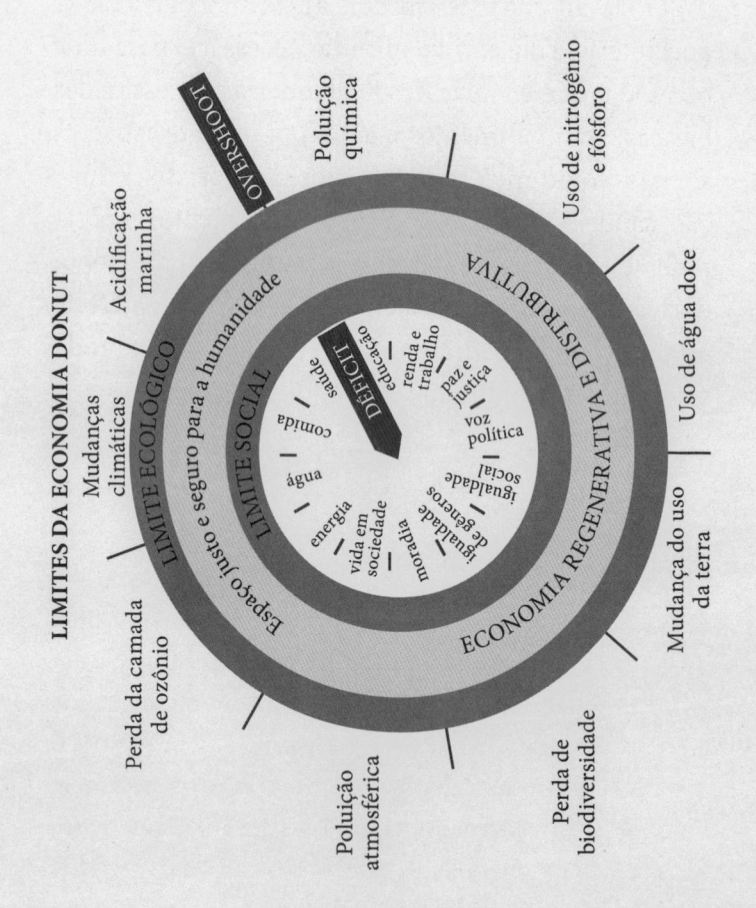

LIMITES DA ECONOMIA DONUT

Anel externo (LIMITE ECOLÓGICO – Espaço justo e seguro para a humanidade):
- Mudanças climáticas
- Acidificação marinha
- Poluição química
- Uso de nitrogênio e fósforo
- Uso de água doce
- Mudança do uso da terra
- Perda de biodiversidade
- Poluição atmosférica
- Perda da camada de ozônio

OVERSHOOT

Anel interno (LIMITE SOCIAL):
- saúde
- educação
- renda e trabalho
- paz e justiça
- voz política
- igualdade social
- igualdade de gêneros
- moradia
- vida em sociedade
- energia
- água
- comida

DÉFICIT

ECONOMIA REGENERATIVA E DISTRIBUTIVA

O anel externo do modelo Donut representa os limites planetários, respeitando a capacidade de regeneração natural, e está relacionado a questões como mudanças climáticas, poluição, perda de biodiversidade, alterações no uso do solo e acidificação dos oceanos.

Entre os dois conjuntos de fronteiras encontra-se o equilíbrio ecologicamente seguro e socialmente justo: um espaço em formato de donut onde a humanidade pode prosperar. E onde os indivíduos podem ter o mínimo para viver bem, sem ultrapassar o limite ambiental.

A Economia Donut reconhece que o comportamento humano pode ser estimulado para ser cooperativo e atencioso, assim como pode ser competitivo e individualista. Reconhece também que as economias, as sociedades e os organismos vivos são sistemas complexos e interdependentes, e por isso mesmo convidam a uma perspectiva sistêmica.

A reformulação do modelo econômico proposto por Kate, integrando sociedade e natureza, inspirou a cidade holandesa de Amsterdã, que adequou a abordagem à sua realidade, trazendo o pensamento sistêmico para o centro da economia. A Amsterdam Donut Coalition[34] é uma rede de mais de trinta organizações, entre as quais grupos comunitários, pequenas e médias empresas, academia e governo local, que trabalha em parceria para promover mudanças transformadoras. A visão de Amsterdã de ser "uma cidade próspera, regenerativa e inclusiva para todos os cidadãos, respeitando os limites planetários" torna a cidade pioneira dessa transformação sistêmica.

---

34. Informações sobre a coalizão estão disponíveis em: https://amsterdamdonutcoalitie.nl/

Capitalismo da prosperidade

A ideia de um capitalismo mais consciente, inclusivo, responsável, criativo, que obedeça à lógica de uma economia circular vem, gradativamente, ganhando espaço no *mainstream* também. Um momento emblemático de virada de página foi o caso de Larry Fink, fundador e administrador da maior gestora de fundos de investimento do mundo, a BlackRock, com mais de 10 trilhões de dólares de ativos. Desde 2018, quando passou a concentrar investimentos em pautas ESG, ano após ano, Fink tem dado sinais sobre o alinhamento dos interesses de médio e longo prazo de seus clientes com os resultados das empresas investidas. Deixou clara sua preocupação com sustentabilidade, aquecimento global e transformação para uma era de carbono neutro e transição energética como condição primordial de escolha para os aportes de recurso.

Outra organização de grandes empresas nos Estados Unidos, a Business RoundTable, lançou um manifesto convidando os negócios a entender que é necessário focar na geração de valor para todas as partes interessadas, ou stakeholders.

O Fórum Econômico Mundial de Davos também tem apresentado uma mensagem importante sobre o capitalismo de entorno, reforçando a ideia de que em um mundo fragmentado, focar apenas no resultado para o acionista não está somente fora de contexto, como não levará ao sucesso no século XXI. Um dos consensos entre os líderes mundiais reunidos anualmente nos alpes suíços de Davos é de que os desafios globais críticos que enfrentamos exigem ampla cooperação entre governos, empresas, sociedade, academia. E que o espírito de pragmatismo e integração pode ajudar a endereçar três preocupações especialmente urgentes: a descarbonização, a sustentabilidade dos sistemas alimentares e a circularidade, modelo baseado em reduzir, reutilizar e reciclar.

Vivemos um momento de despertar. Os líderes que não prestarem atenção nessas mudanças, que não se conscientizarem da necessidade de promover a transformação em suas organizações, provavelmente não farão parte do mundo do futuro. Está na hora de reconhecermos que empresas podem e devem gerar valor em múltiplas dimensões, distribuir também dividendos sociais e emocionais.

Se no passado boa parte das organizações era liderada pelo mantra da produtividade e eficiência, hoje o diferencial competitivo passa a estar não nos recursos físicos em si, mas em questões intangíveis, como capital humano, social, intelectual e cultural. Estamos falando de coisas que já acontecem. Significa que as empresas vão ter que efetivamente implantar o cuidado com as temáticas relativas à sustentabilidade, ao meio ambiente, à governança e ao social naquilo que se pode chamar de *core business*, ou a razão de suas existências.

Todas essas demandas, podemos assim notar, dizem respeito à questão maior relacionada ao tema qualidade de vida, que passa a ser questionado e repensado, e que a pandemia de covid-19 serviu como agente indutor também. O principal vírus que precisa ser atacado somos nós. A forma como resolvemos, ou melhor, como não resolvemos nossos problemas, na realidade, é o problema.

Dividendos sociais

Algumas vozes de peso começam a chamar a atenção para o esgotamento dos modelos preponderantemente vigentes em nossa sociedade. O economista inglês Paul Collier, ex-diretor do Banco Mundial, e autor de *O futuro do capitalismo*, e do mais recente *Greed is Dead* [A ganância está morta], diz que além de ser um conceito eticamente indefensável, a ganância destrói o capital das empresas. Collier defende que todos os cidadãos têm suas obrigações. As empresas igualmente, e não apenas com os acionistas.

Em sintonia com Collier, o economista indiano Muhammad Yunus, vencedor do Nobel da Paz de 2006, propõe uma reforma no sistema econômico e social. Conhecido como o "banqueiro dos pobres" por ter criado em Bangladesh um banco para concessão de empréstimo a pessoas de baixa renda, sobretudo mulheres, Yunus propõe empresas sociais como o caminho para solucionar os problemas que enfrentamos como sociedade.

Argumenta que o mundo pré-pandemia estava levando ao fim da existência da humanidade em função do aquecimento global e das mudanças climáticas, da concentração de riqueza e da invasão da Inteligência Artificial, que torna o ser humano redundante. Voltar ao que era o normal, ele diz, seria suicídio. Yunus defende a reorientação dos negócios na direção de um mundo com três zeros: zero emissão de carbono, zero concentração de riqueza e zero desemprego. Relembrando que a proposta de zero concentração de riqueza guarda relação com endereçar a enorme desigualdade que está por aí.

Estamos num *turning point*, numa encruzilhada na qual nos caberá escolher possivelmente entre dois caminhos: o descrito pelo escritor israelense Yuval Noah Harari em sua obra *Homo Deus*, na qual prevê uma sociedade dividida entre dominados, os inúteis, e dominantes, os deuses, que cultuará a religião dos detentores dos dados e das máquinas que controlam e usam as informações a respeito de nossas vidas. Ou então o surgimento do *Homo Spiritualis*, e um mundo no qual os maravilhosos e disruptivos avanços tecnológicos estarão colocados a serviço do bem de todos, de forma mais solidária e cooperativa, em nome do amor.

Não estamos no escuro como civilização. Há alguns faróis iluminando o caminho, como a necessidade de considerar seriamente um novo modelo econômico que leve em conta as variáveis do planeta.

Uma proposta bastante interessante foi elaborada pela economista britânica Rebecca Henderson,[35] conselheira de sustentabilidade de algumas das maiores empresas

---

35. A apresentação de **Rebecca Henderson** para o TED está disponível em: https://www.ted.com/talks/rebecca_henderson_to_save_the_climate_we_have_to_reimagine_capitalism?utm_campaign=tedspread&utm_medium=referral&utm_source=tedcomshare

do mundo. No livro *Reimaginando o capitalismo em um mundo em chamas*, ela explica como os negócios podem se tornar aliados críticos na batalha para repensar o capitalismo. Professora da Universidade de Harvard, ela mostra o papel que líderes empresariais em todos os níveis podem desempenhar ao reimaginar nosso sistema atual.

Sua pesquisa revelou que as empresas socialmente responsáveis têm desempenho tão bom, se não melhor, do que aquelas movidas apenas pelo lucro. Baseando-se em lições de empresas que já fazem diferença positiva no mundo, a economista defende que consertar o capitalismo é do interesse do setor privado. Isso porque se os piores cenários das mudanças climáticas se tornarem realidade, o impacto será desastroso para os negócios. A pressão da emergência climática, portanto, traz, entre outros elementos, a urgência necessária para redesenhar o capitalismo.

O futuro, de fato, se constrói no presente. E para construí-lo, primeiro é preciso sonhar. Para que possamos caminhar na direção de uma sociedade mais justa, equilibrada, solidária e sustentável se faz necessário praticar a transparência, a confiança, a cooperação e a solidariedade, levando-se em conta a importância de cada indivíduo desenvolver plenamente seu potencial. Porque não existe felicidade sem paz e não existe paz sem fraternidade.

Todas as teses ficam limitadas quando falamos da sustentabilidade do planeta sem falar da sustentabilidade do Ser. Por isso é preciso, e é vital, incorporar o ser humano na centralidade da solução das questões aqui tratadas.

Em todos os movimentos de valorização do aspecto humano e socioambiental, a grande questão que perdura é como metrificar o benefício, como medir o lucro gerado para a sociedade. Como aferir os dividendos sociais distribuídos e avaliar seu impacto social. Por uma questão de concretização, precisamos de referências e métricas. Em vez do cumulativo circunscrito apenas ao ambiente dos acionistas, ou aos bônus dos executivos e colaboradores, trata-se de uma distribuição de impacto muito mais abrangente e significativa para a sociedade, que trará qualidade de vida porque se trata de um ganho para todos a partir de um propósito maior. Esse é o conceito de dividendo social.

Espero que aquilo que compartilho aqui leve cada um de nós a considerar a possibilidade de podermos seguir por um novo caminho. Um caminho que requer necessariamente um novo olhar que, estou convencido, nos permita equacionar questões de vital importância e relevância, como a insensibilidade para com a desigualdade e a miséria que assolam tantas vidas humanas.

Enfim, à medida que cada um de nós, cada organização, cada organismo público trabalhar por seu propósito com a intenção de melhor servir, isso permitirá estabelecer a unidade entre nossas vidas pessoal e profissional, que passarão a estar integradas — isso é mudança!

Mudanças duradouras requerem grande esforço, comprometimento e atitude em sua implantação, mas acredite, é possível.

Todas as teses ficam limitadas ao falar da sustentabilidade do planeta sem abordar a sustentabilidade do Ser. Por isso, é preciso — e é vital — incorporar o ser humano na centralidade da solução das questões.

> A consciência global não é uma crença objetiva que pode ser ensinada a qualquer um e a todos, mas uma transformação subjetiva nas estruturas interiores que podem manter a crença em primeiro lugar.
>
> **Ken Wilber**

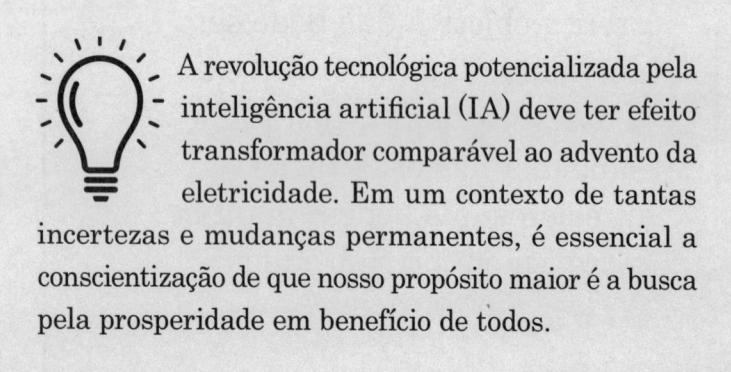

A revolução tecnológica potencializada pela inteligência artificial (IA) deve ter efeito transformador comparável ao advento da eletricidade. Em um contexto de tantas incertezas e mudanças permanentes, é essencial a conscientização de que nosso propósito maior é a busca pela prosperidade em benefício de todos.

NOVOS TEMPOS

Inegavelmente o mundo está passando por profundas transformações. Podemos vê-las em vários contextos, não apenas no tecnológico, mas também nos costumes, com implicações nas relações sociais, nas crenças, entre outras esferas de nossas vidas. Percebemos que essas mudanças levam também a modificações no âmbito geopolítico e socioeconômico.

Estamos vivenciando um momento paradoxal. Há no ar um sentimento de profunda angústia e ansiedade enquanto, ao mesmo tempo, se vislumbra um mundo de potencial maravilhoso, com abundância e integração harmônica visando ao bem da grande maioria, e, principalmente, à quebra de paradigmas.

A tecnologia nos convida à cooperação, a eliminar barreiras, possibilitando a integração e a união em esforços coletivos. Concomitantemente, ela se presta ao exercício do controle absoluto e totalitário. Enquanto os ferramentais novos rompem fronteiras, inclusive geográficas, ainda nos confrontamos e continuamos com a ilusão de levantar muros, no sentido mais protecionista e discriminatório. Vivemos em um mundo dividido. Sejam barreiras comerciais ou defesas territoriais, sejam azuis ou vermelhos, ou ainda sejam orientais ou ocidentais.

Inteligência Artificial: a nova eletricidade

A revolução tecnológica em curso muito provavelmente nos possibilitará alcançar, em futuro não muito distante, acredito, o preenchimento das necessidades fisiológicas básicas. Alimentos e saúde se converterão em *commodities*, o que por sua vez poderá representar, sim, um ganho expressivo de qualidade, mas não necessariamente a garantia de uma vida feliz.

Certamente teremos de enfrentar um importante, delicado e complexo período de transição. A substituição de empregos por robôs e a disseminação da Inteligência Artificial são alguns dos elementos que tornam esse momento enormemente fascinante e desafiador. Muitas profissões podem, e certamente irão, desaparecer nas próximas décadas. Parte da força global de trabalho será substituída pela automação e pela robotização. Como a história nos ensina, se de um lado milhões de empregos tendem a desaparecer, muitos novos devem surgir. Foi assim desde a primeira fase da Revolução Industrial e tende a ser assim no estágio atual, da sociedade 4.0.

Não tem jeito, é uma realidade: as máquinas são mais produtivas do que os humanos. Portanto, caminhamos para o surgimento de uma nova trindade, um mundo no qual vamos conviver nós, os robôs e a Inteligência Artificial.

Diante dessa realidade, desse mundo desconexo, dividido e polarizado, não nos restará alternativa. Ou adotamos e implantamos um modelo que conduza e esteja **a serviço** de um bem maior, em prol do coletivo, ou muito provavelmente a mudança irá beneficiar poucos, que continuarão subjugando os demais, e perpetuando o binômio dominado-dominante. Vai depender se seremos ou não capazes de abstrair de interesses individuais — entendam-se por "indivíduos" as pessoas, as regiões e as nações — e formos capazes de usar os recursos para colaboração, inclusão e ações empreendedoras de impacto social.

Toda relação entre humano, máquina e Inteligência Artificial vai depender de qual intenção, de fato, queremos estabelecer, e qual regulação e ordenação ao *modus convivendi* iremos adotar.

Cofundador da revista *Wired*, considerada a bíblia da era digital, o jornalista Kevin Kelly[36] escreveu um livro sobre as forças tecnológicas que vão dominar e modelar nosso futuro como espécie. Ele conta como a vida será redesenhada por movimentos inevitáveis de médio e longo prazo provocados por mudanças tecnológicas. E compara a Inteligência Artificial ao advento da eletricidade. Kelly também diz que caminhamos para a realidade do "*no working*", ou a ausência de emprego. Como se dará essa passagem? O que ela implica? Certamente teremos que encontrar novas ocupações. Vem daí o senso de urgência que trago nestas páginas.

Estamos diante de um momento no qual o conceito elaborado pelo sociólogo italiano Domenico De Masi (1938-2023), sobre o ócio criativo, provavelmente não

---

36. No livro *Inevitável: As 12 forças tecnológicas que mudarão o nosso mundo*, **Kevin Kelly** afirma que a colaboração e a conexão onipresentes de bilhões de pessoas em escala planetária, em tempo real, forma um organismo vivo capaz de coisas impensáveis para células individuais, como a Wikipedia, por exemplo.

será mais questão de opção, mas sim um fato. Nesse novo universo, ter acesso e compartilhar faz mais sentido do que ter a posse. Mas é para isso que estamos nos preparando? A falsa ilusão de que a felicidade está atrelada à posse material ficará ainda mais exposta.

Acredito, espero e desejo que as maravilhas da evolução disruptiva e dos avanços tecnológicos venham a ser usadas para a inclusão e a cooperação. Com foco e olhar holístico sobre o desenvolvimento e o cuidado de nossa casa comum, o planeta Terra, que ignora fronteiras.

Sou otimista, tenho para mim que estamos falando de um processo de expansão da consciência, de sua importância e relevância. A possibilidade de fazer uma escolha consciente e seguir o propósito maior pelo bem do todo e de todos está em cada um de nós. À medida que os indivíduos se dão conta disso e agem pelo servir, nasce o espírito do coletivo. **Afinal, repito, somos um e somos todos; somos todos e somos um.**

O Nirvana é aqui

Os novos velhos caminhos pressupõem coisas básicas, como o (re)encontro consigo, a (re)conexão com a voz interior e a conscientização de que o propósito maior é a busca pela prosperidade em benefício de todos, inclusive você. Significa ter consciência de que aquilo que afeta a mim também afeta ao outro. E vice-versa.

Descobrir e conscientizar-se desse propósito passa por aprender a lidar com nossas sombras, encontrar e deixar brilhar nossa luz. Luz essa que nos tira da escuridão na qual muitas vezes nos aprisionamos.

E como despertar essa luz interna? Isso me remete ao mito da caverna descrito pelo filósofo grego Platão, a alegoria daquele que toma contato com a realidade ao sair da escuridão da caverna, de onde enxergava apenas sombras que seriam expressões da realidade.

Da mesma forma, o momento que vivemos requer uma mudança de perspectiva, de olhar. E de acreditar. Se quisermos mudar o mundo, comecemos por nós mesmos, como disse o pacifista indiano Mahatma Gandhi.

No caso, mudar aqui é dar a oportunidade de se conhecer, de se libertar. E para essa mudança de mundo, não existe outra forma, a não ser cada um de nós mergulhar em seu interior e se descobrir.

Os novos tempos vão requerer a integração holística dos aspectos morais e éticos. As diferentes questões de hoje exigem um exercício nada trivial de interação, aceitação e harmonização. Chegou o momento de dar oportunidade para que a luz se revele a cada um de nós, e nos ilumine a todos. Só assim sairemos da caverna onde a maioria ainda se encontra.

Um passo essencial nessa jornada é a integração dos corpos que habitamos. Somos regidos por uma tríade de corpos: o físico, o mental/emocional e o espiritual. Ao que parece, essa relação não está balanceada e ela é essencial.

O conhecimento sobre o corpo físico avançou muito desde a decodificação do genoma, com novas ferramentas de diagnóstico e tratamento que nos estenderão a expectativa e a qualidade de vida, o que pressupõe cuidar da saúde de uma forma integral.

Existe todo um trabalho científico em relação ao conhecimento do cérebro e, portanto, de nosso corpo mental. Indiscutivelmente, um cuidado que se faz mais visível e necessário, no presente, relaciona-se à psique humana, na qual se trabalha a questão das emoções. A psicologia e a psicanálise representam muitas vezes o início do processo de autoconhecimento.

Já o corpo espiritual de que trato aqui tem menos a ver com os dogmas ou preceitos religiosos, e sim com a prática integrada de valores que são comuns a todas as religiões, em seu fundamento. Em outras palavras, cuidar do corpo espiritual está associado a certificarmo-nos de que nossas ações sejam guiadas por esses valores.

Sei que a reação das pessoas ao novo, na maioria das vezes, é rejeitar, repudiar. Por medo ou comodismo. Estamos falando de quebra de paradigma, e isso pode parecer utópico. Porém, é necessário coragem para sair da zona de conforto. Temos que olhar de forma diferente, buscando um novo caminho para um novo tempo. E esse novo caminho terá que ser construído necessariamente respeitando nossas diferenças. Aceitá-las e reconhecê-las é fundamental.

Podemos aqui traçar um paralelo com o pintor holandês Vincent van Gogh (1853-1890), que passou a vida tentando retratar, por meio de sua arte, a emoção e a beleza que enxergava no mundo. Morreu sem vender seus quadros, amargurado porque não conseguia entender como as pessoas não viam aquilo que ele enxergava e reproduzia com os pincéis. Foi incompreendido em seu tempo, mas um dia parte do mundo acordou e viu a beleza e a maravilha que seus olhos e mãos deixaram de legado. O que descrevemos aqui foi registrado de forma magistral na letra da música "Vincent", de Don McLean.[37]

Enfim, vivemos um momento de transformação que certamente implicará termos de lidar também com questões de natureza filosófica e religiosa. Dependendo de quais respostas dermos, iremos ou não pavimentar o caminho para nos tornarmos melhores seres humanos.

Temos de acreditar no impossível, disse o visionário Kevin Kelly. E eu acredito. É chegada a hora do despertar. Despertar para uma nova consciência. O Nirvana é aqui. Por que não?

---

37. A música e letra de "Vincent", ou *Starry Starry Night*, de Don McLean estão disponíveis em: https://www.vangoghmuseum.nl/en/art-and-stories/vincent-van-gogh-faq/why-did-don-mclean-write-a--song-about-vincent

Os novos tempos vão requerer a integração
dos corpos que habitamos para vivermos a
transformação necessária para um mundo melhor.

> O dia chegará quando, após aprender a aproveitar os ventos, as ondas do mar e a gravitação, utilizaremos a energia do amor. Então, pela segunda vez na história do mundo, o ser humano terá descoberto o fogo.
>
> Pierre Teilhard de Chardin

ANEXO 1

Compartilho o texto elaborado pelo professor Oscar Motomura acerca do tema **Excelência e Performance**, que tem em sua essência a arte de servir de corpo e alma:

> Excelência
> Desde a intenção
> Até o efetivo fazer acontecer
> Exceder as expectativas
> Surpreender...
> Até pela simplicidade
> Qualidade com flexibilidade
> Excelência pela velocidade...
> O empenho de tentar lapidar
> Arredondar a cada dia
> A persistência do durante
> O ir até o fim
> Excelência a cada vez
> Como na primeira vez
> A busca da perfeição
> Um criar sempre além
> A viabilização do impossível
> A superação de limites
> Chegar aonde ninguém chegou
> Maravilhar, encantar
> Excelência que vem do servir genuíno
> Respeitoso, honesto, autêntico
> Que faz o melhor de si emergir
> O melhor servir

A partir de um coração gentil
Com leveza... com alegria...
Um servir com prazer
Um servir animado — com vida
Um servir caloroso
Com emoção
Um servir incondicional, empático
Vendo a si atrás de cada olhar
Que nos faz ser o outro
No momento da verdade
Um servir com arte, bom gosto
Em cada gesto, em cada servir
Um envolvimento pelo coração...
A performance que fascina
Pela antecipação
Pela atenção inteira
Pela força do servir verdadeiro
A performance que vem de dentro
Que a todos inspira
Um competir sadio
Por um servir cada vez melhor
A busca persistente
Do sucesso de quem servimos
A performance dos sonhos
Pela viabilização dos sonhos do outro
Excelência por alta sensibilidade
Que nos fez perceber
Até o desejo não-expresso
Ouvir o não dito

Ler nas entrelinhas
Enxergar o invisível
Excelência que só um servir
De espírito para espírito
É capaz de realizar
Excelência que vem da essência
Que a partir do simples
Gera o extraordinário
A expressão do melhor de si
A cada agora, momento a momento
Um servir verdadeiro, natural
Como a um irmão
Um servir de corpo e alma
A performance precisa
Nos detalhes mais sutis
Na essência e na forma
Na relação e na técnica
Excelência pela motivação mais elevada
E pela nobreza das intenções
Sempre

Oscar Motomura *é CEO e fundador do Grupo Amana-Key, uma das organizações mais especializadas do mundo na área de gestão, estratégia e liderança.*

ANEXO 2

Segue um relato sensível e esperançoso do amigo e professor George Legmann sobre o momento atual, seus desafios e a necessidade de redirecionarmos nossas ações:

Somos seres multifacetados, precisamos buscar e, à medida do possível, estar em harmonia com todos os eixos/facetas de nossa vida: família, saúde, amigos, finanças etc. — e conosco mesmos. Sem dúvida, encontrar este ponto de equilíbrio é uma "ciência" mais ligada ao campo das artes do que da matemática, e creio que a experiência e a maturidade nos levam à consciência necessária para elencar prioridades (de maneira empírica, sem idolatria às metrificações) na constante busca dessa autorrealização.

Novos tempos, tecnologias e desafios virão.

Assim é a roda do mundo.

Precisamos ressignificar alguns valores e conceitos que foram arraigados de forma gradativa em nossas vidas. Hoje sequer paramos para refletir sobre suas origens e os tomamos por certo, vivendo quase no piloto automático.

Quem sabe com uma reflexão mais profunda sobre isso consigamos, algum dia, evoluir enquanto sociedade?

Esta obra tem tudo para contribuir e instigar o homem a ser um ser humano melhor e mais consciente na formação — e constante evolução — da sociedade!

George Legmann *é nascido no campo de extermínio de Dachau, sul da Alemanha, e naturalizado brasileiro. Foi diretor da Fundação FHC.*

ANEXO 3

Para reflexão, deixo um texto de Pierre Teilhard de Chardin (1881-1955), padre jesuíta, teólogo, filósofo e paleontólogo francês que tentou construir uma visão integradora entre ciência e teologia:

> A religião não é apenas uma, são centenas. A espiritualidade é apenas uma.
>
> A religião é para os que dormem. A espiritualidade é para os que estão despertos.
>
> A religião é para aqueles que necessitam que alguém lhes diga o que fazer e querem ser guiados. A espiritualidade é para os que prestam atenção à sua Voz Interior.
>
> A religião tem um conjunto de regras dogmáticas. A espiritualidade convida a raciocinar sobre tudo, a questionar tudo.
>
> A religião ameaça e amedronta. A espiritualidade dá Paz Interior.
>
> A religião fala de pecado e de culpa. A espiritualidade diz: "aprenda com o erro".
>
> A religião reprime tudo, te faz falso. A espiritualidade transcende tudo, te faz verdadeiro!
>
> A religião não é Deus. A espiritualidade é Tudo e, portanto, é Deus.
>
> A religião inventa. A espiritualidade descobre.
>
> A religião não indaga nem questiona. A espiritualidade questiona tudo.
>
> A religião é humana, é uma organização com regras. A espiritualidade é Divina, sem regras.

A religião é causa de divisões. A espiritualidade é causa de União.

A religião lhe busca para que acredite. A espiritualidade precisa ser buscada.

A religião segue os preceitos de um livro sagrado. A espiritualidade busca o sagrado em todos os livros.

A religião se alimenta do medo. A espiritualidade se alimenta na Confiança e na Fé.

A religião faz viver no pensamento. A espiritualidade faz Viver na Consciência.

A religião se ocupa com fazer. A espiritualidade se ocupa com Ser.

A religião alimenta o ego. A espiritualidade nos faz Transcender.

A religião nos faz renunciar ao mundo. A espiritualidade nos faz viver em Deus, não renunciar a Ele.

A religião é adoração. A espiritualidade é Meditação.

A religião sonha com a glória e com o paraíso. A espiritualidade nos faz viver a glória e o paraíso aqui e agora.

A religião vive no passado e no futuro. A espiritualidade vive no presente.

A religião enclausura nossa memória. A espiritualidade liberta nossa Consciência.

A religião crê na vida eterna. A espiritualidade nos faz consciente da vida eterna.

A religião promete para depois da morte. A espiritualidade é encontrar Deus em Nosso Interior durante a vida.

Não somos seres humanos passando por uma experiência espiritual...
Somos seres espirituais passando por uma experiência humana...

REFERÊNCIAS

Vídeos, filmes, livros e palestras podem ser acessados pelo QR Code.

CONSCIOUS BUSINESS ACTIVATOR. Disponível em: https://www.cbactivator.cc/

CONSCIOUS CAPITALISM FIELD GUIDE. Disponível em: https://www.ccfieldguide.com/

DIDATICS. ABRAHAM MASLOW – A CONDIÇÃO HUMANA | TEORIA HOLÍSTICO-DINÂMICA. YouTube, 2019. Disponível em: https://www.youtube.com/watch?v=nQYSYyJFQH0

DE MASI, Domenico. *Desenvolvimento sem trabalho*. São Paulo: Editora Esfera, 1999.

DOWBOR, Ladislau. *Os estranhos caminhos do nosso dinheiro*. São Paulo: Editora Perseu Abramo, 2013.

ECKSCHMIDT, Thomas. *Conscious Business Manifesto*. Miami: Independently published, 6 maio 2020. Disponível em: https://www.amazon.com/Conscious-Business-Manifesto-Thomas-Eckschmidt/dp/B088B9YTKK/ref=sr_1_2?dchild=1&keywords=thomas+eckschmidt&qid=1591540742&s=books&sr=1-2

FELLIPELLI, Adriana. *Autoconhecimento para um mundo melhor:* reflexões sobre liderança, desenvolvimento humano e capitalismo consciente. Rio de Janeiro: Alta Life, 2021. Disponível em: https://www.amazon.com.br

FELLIPELLI. ENTP – TIPO PSICOLÓGICO DO MBTI. Fellipelli Consultoria, 2016. Disponível em: https://www.youtube.com/watch?v=Z6vXdW60o_k

GARDNER, Howard. A ética vai valer mais do que o conhecimento. *Fronteiras do Pensamento*, mar. 2021. Disponível em: https://www.fronteiras.com/leia/exibir/howard-gardner-a-etica-vai-valer-mais-do-que-o-conhecimento

HENDERSON, Hazel. *Além da globalização:* modelando uma Economia Global Sustentável. São Paulo: Cultrix/Amana-Key, 2003.

HENDERSON, Hazel. *Transcendendo a economia:* uma visão integrada dos paradigmas emergentes transformando, pela essência, nossa concepção de governo, política, educação, empresa, trabalho e vida em sociedade. São Paulo: Cultrix/Amana-Key, 1991.

Manny Maceda Worldwide Managing Partner, Bain & Company: Three Key Issues Addressed at Davos.

NIETZSCHE, Friedrich. *Sobre a utilidade e a desvantagem da história para a vida*. São Paulo: Editora Hedra, 2017.

PANORAMIKA LAB. QUEM É RICHARD BARRETT? YouTube, 2018. Disponível em: https://www.youtube.com/watch?v=SQ38PyUHmLw

PLATÃO. *A República*. São Paulo: Atena Editora, 1956.

SACHS, Jeffrey D. Why Rich Cities Rebel. *Project Syndicate*, 22 out. 2019. Disponível em: https://www.project-syndicate.org/commentary/explaining-social-protest-in-paris-hong-kong-santiago-by-jeffrey-d-sachs-2019-10

UNIVERSO DA PSICOLOGIA. ABRAHAM MASLOW | BIOGRAFIA EM 1 MINUTO | PSICOLOGIA HUMANISTA. YouTube, 2017. Disponível em: https://www.youtube.com/watch?v=GKi0—TTYRU

BIBLIOGRAFIA

CARPENTER, William Benjamin. *Principles of mental physiology:* with their applications to the training and discipline of the mind, and the study of its morbid conditions. Hardpress, 2018.

CECHIN, Andrei. *A natureza como limite da economia.* São Paulo: Senac, 2010.

GADREY, Jean; JANY-CATRICE, Florence. *Os novos indicadores de riqueza.* São Paulo: Senac, 2006.

HOYOS GUEVARA, Arnoldo José de; DIB, Vitória Catarina. *Da sociedade do conhecimento à sociedade da consciência.* São Paulo: Saraiva, 2007.

IKEDA, Daisaku; HENDERSON, Hazel. *Cidadania planetária:* seus valores, suas crenças e suas ações podem criar um mundo sustentável. São Paulo: Brasil Seikyo, 2005.

JUNG, Carl Gustav. *Fundamentos da psicologia analítica.* Petrópolis: Vozes, 2017.

LARROSA, Jorge. *Nietzsche & a Educação.* São Paulo: Autêntica, 2007.

FONTE Minion Pro, IvyPresto Display, Century e Aesthet Nova
PAPEL Pólen Natural 80g/m²
IMPRESSÃO Paym